AMRA

Jan Erik Sigdell

DER GEHEIME KRIEG DER ANUNNAKI

Wie dunkle Mächte durch Glauben und Kirche die Bevölkerung manipulieren

AMRA

Brandheiße Infos finden Sie regelmäßig auf:
www.facebook.com/AMRAVerlag

Mehr über Veranstaltungen des Autors:
www.christliche-reinkarnation.com

Besuchen Sie uns im Internet:
www.AmraVerlag.de

Eine Originalausgabe im AMRA Verlag
Auf der Reitbahn 8, D-63452 Hanau
Telefon: + 49 (0) 61 81 – 18 93 92
Kontakt: Info@AmraVerlag.de

Herausgeber	Michael Nagula
Lektorat & Korrektorat	Simone Fischer
Einbandgestaltung	Guter Punkt
Layout & Satz	Birgit Letsch
Druck	CPI books GmbH

ISBN Printausgabe 978-3-95447-312-0
ISBN eBook 978-3-95447-313-7

Inhalt

Und wahrlich, WIR erschufen
den Menschen aus einer Substanz aus Lehm.
Alsdann setzten WIR ihn als Samentropfen an
eine sichere Ruhestätte.
Dann bildeten WIR den Tropfen zu einem Blutklumpen;
dann bildeten WIR den Blutklumpen
zu einem Fleischklumpen;
dann bildeten WIR aus dem Fleischklumpen Knochen;
dann bekleideten WIR die Knochen mit Fleisch;
dann entwickelten WIR es zu einer anderen Schöpfung.
So ist Allah voller Segen. Er ist der beste Schöpfer.
Dann, hiernach, habt ihr zu sterben.
Dann werdet ihr am Tag der Auferstehung erweckt werden.

– Sure 23, Vers 12-16 –

Wie könnt ihr an Allah nicht glauben,
wo ihr doch tot wart und Er euch lebendig gemacht hat
und euch dann sterben lässt und
darauf wieder lebendig macht,
worauf ihr zu Ihm zurückgebracht werdet?
Er ist es, der euch alles, was auf der Erde ist,
geschaffen und sich hierauf zum Himmel aufgerichtet und
ihn zu Sieben Himmeln geformt hat.
Er weiß über alles Bescheid.

– Sure 2, Vers 28-29 –

Vorwort

In der heutigen Zeit beobachtet und erlebt man eine wachsende feindselige und manchmal gewalttätig brutale Haltung gegenüber dem Christentum. Kreise unterschiedlicher Färbung in der Politik sowie vor allem im Logentum und im Islam sind bemüht, die Stellung des Christentums in der Gesellschaft geradezu aller Länder zu untergraben und die Christenheit als Endziel sogar zu vernichten. Warum ist das so? Was hat dazu geführt? Was ist falsch gelaufen?

CESNUR (*Center for Studies on New Religions*) veröffentlichte im Januar 2017 eine Schätzung, derzufolge 2016 weltweit 90.000 Christen für ihren Glauben getötet und mehr als 600 Millionen Christen an der Ausübung ihres Glaubens gehindert wurden.

Manche Kirchen entfernen Kreuze und andere Symbole aus den Gotteshäusern und lassen ihre Glocken nicht mehr läuten. Christliche Feiertage wie Weihnachten sollten möglichst nicht mehr gefeiert werden, und sie werden zum Teil mit Terror bekämpft. Die Weihnachtsfeier selbst ist mittlerweile zu einem riesengroßen geschäftlichen Rummel verkommen, und kaum jemand denkt noch daran, dass es bei diesem Fest eigentlich um die Erinnerung an Jesu Geburt geht – auch wenn das Datum falsch ist. Er wurde nicht am

25.12. geboren, sondern in einem Zeitraum innerhalb von drei Monaten vor oder nach diesem Termin. Niemand weiß es genau; eine ernstzunehmende Schätzung besagt, dass er in der zweiten Novemberhälfte fünf Jahre vor unserer Zeitrechnung geboren wurde.

Die Geschichte zeigt überaus deutlich, dass die christliche Kirche mit allen Mitteln danach strebt und immer gestrebt hat, ihre Macht möglichst über die ganze Welt auszubreiten und die Welt zu beherrschen. Aber beruht das auf Jesu Lehre? Jesus hat Frieden, Liebe und Brüderlichkeit gelehrt. Wenn also die Kirche alle ihr zur Verfügung stehenden Machtmittel einsetzt – Manipulation, Drohungen, Lügen, Gewalt, Inquisition, Unterdrückung, Mord, Krieg sowie ihr Mitmischen in der Politik –, und sie ihren Einfluss gnadenlos allen Ländern und Völkern aufzudrängen versucht, widerspricht dies doch jener Lehre, die Jesus uns vermacht hat. Und nun? Dreht sich der Spieß jetzt etwa um?

Das kirchliche Christentum wurde und wird immer wieder kritisiert. Ist es wirklich das wahre Christentum? Oder ist es ein abgewandeltes Christentum, das sich weit vom Ursprung entfernt hat und zu einem reinen Machtinstrument geworden ist?

Nach außen unschuldig, innen aber zerrüttet: So erscheint oft das Bild der Kirche im Zusammenhang mit Skandalen wie sexuellem Missbrauch und inneren Konflikten, wie beispielsweise der mutmaßliche Mord an Papst Johannes Paul I. und die Spekulationen um den Rücktritt von Papst Benedict XVI.

Die Geschichte der Kirche mit ihren mörderischen Kreuzzügen, Inquisition, Völkermord an Katharern und anderen

Gemeinschaften, Kulturmord durch Missionsgewalt und anderen Gräueltaten steht erst recht im krassen Widerspruch zu Jesu Lehre. Dass sie ausgerechnet das Kreuz als Symbol gewählt hat, ein Folter- und Hinrichtungsgerät, passt wohl irgendwie zu dieser gewalttätigen Institution.

Und nun werden Christen selbst zunehmend brutal verfolgt und sogar immer häufiger hingerichtet.

Dahinter muss viel mehr stecken, als auf den ersten Blick zu vermuten ist … Was kann das sein?

Dr. Jan Erik Sigdell
Dutovlje, Slowenien

Krieg gegen
das Christentum?

Wie in der Einleitung erwähnt, erleben wir heute zunehmend einen veritablen Krieg gegen das Christentum. Gegner des Kirchentums, Atheisten, Agnostiker und Andersdenkende haben schon lange einen geistigen Krieg gegen die Christenheit geführt. Dieser wurde eher in Wort und Schrift gefochten und uferte nur in seltenen Fällen in Gewalttätigkeiten aus. Auch Auseinandersetzungen zwischen den verschiedenen Richtungen des Christentums waren und sind weiterhin an der Tagesordnung: katholische, orthodoxe, reformierte, lutherische, anglikanische, syrische, äthiopische, koptische und weitere Kirchen sowie eine Vielzahl von Freikirchen, die sich als fundamentalistisch auffassen, vertreten häufig deutlich unterschiedliche Auffassungen. Das kirchliche Christentum hat oft danach gestrebt, auch mit militärischer Gewalt die Konkurrenz alternativer Gemeinschaften sowie nichtchristliche Religionen möglichst zu vernichten, wobei es sogar vor Völkermord an Katharern und Kulturmord in anderen Kontinenten nicht zurückschreckte.

In der heutigen Zeit erleben wir eine Umkehr solcher Auseinandersetzungen – denn heute werden Christen gewalttätig verfolgt und sogar hingerichtet. In einigen islamischen Ländern ist das Christentum weitgehend verboten, und Christen dürfen, wenn überhaupt, nur als eine Randgruppe in der Gesellschaft leben, mit weitgehend eingeschränkten Rechten und mit Auflagen, wie zum Beispiel Sondersteuern. Sie werden in diesen Ländern wiederholt Opfer von Angriffen und sogar blutiger Gewalt.

Einige Orden und Geheimgesellschaften maurischer Art bekämpfen ebenfalls das Christentum, wenn auch in anderer Weise. Sie sind sogar bestrebt, eine satanische Herrschaft einzuführen.

Wie konnte es dazu kommen? Um den Kampf gegen das Christentum zu verstehen, müssen wir uns eine Übersicht über die Entwicklung der Religion verschaffen. Der Anfang liegt in diesem Fall in Mesopotamien. Es gab und gibt bekanntlich weitere Entwicklungsrichtungen der Religion, wie Hinduismus, Buddhismus, Taoismus, Inkas, Azteken, Altägypter, verschiedene Formen von Schamanismus und dergleichen mehr, doch führten diese in andere Richtungen. Wir werden in diesem Buch die Linie betrachten, die schlussendlich zum heutigen Kirchentum führte.

Wir werden uns dabei auch mit Dingen wie außerirdischen Einflüssen beschäftigen müssen – ein Thema, auf das viele Menschen schnell sehr emotional und wenig rational reagieren. In »wissenschaftlichen« Kreisen ist der Glaube an Außerirdische verpönt, obwohl doch gerade die Wissenschaft erkennen sollte, dass es in einem multidimensionalen Universum zweifellos andere Lebensformen als die unsere geben muss. Der heutigen Physik ist bekannt, dass der Kosmos aus weit mehr als nur »unseren« drei Dimensionen besteht, die wir aber nicht wahrnehmen können. Unserer Biologie fehlen dafür Wahrnehmungsorgane, Organe die andere und uns fremde Lebensformen durchaus haben könnten, für die wir aber blind und taub sind. Unsere Astronomie schätzt, dass es im Weltraum Trillionen von Planeten gibt, und es ist logisch und »statistisch« einfach *unmöglich*, dass einzig unsere Erde bevölkert ist. Wenn es auf anderen bevölkerten Planeten Zivilisationen von Menschen oder Wesen gibt, die ein mehrdimensionales Bewusstsein haben, könnten diese uns auch in technologischer Hinsicht weit voraus sein. Wir »Dreidimensionale« kennen keine Möglichkeit, weit entfernte Planeten in anderen Sonnensystemen zu erreichen, aber in einer Zivilisation von zum Beispiel fünfdimensional bewussten Wesen würden diese zweifellos Möglichkeiten haben, die wir in unserem begrenzten Sein nicht einmal erahnen. Und sollte es dem wahren Schöpfer nicht möglich sein, auch solches entstehen zu lassen?

Die alten mesopotamischen Keilschrifttexte deuten tatsächlich an, dass es so sein könnte. Einige Gelehrte legen die Schriften genauso aus, und in den Texten selbst begegnet man keinen inhaltlichen Widersprüchen. Natürlich erheben wissenschaftliche und kirchliche Kreise Einwände dagegen, denn für sie darf nicht wahr sein, was nicht in ihr Weltbild passt. Doch der Schöpfer hat wohl ein anderes Weltbild als das, was wir ihm auferlegen möchten … Ein weiterer Aspekt für die Skepsis an der Theorie des außerirdischen Lebens liegt darin begründet, dass sich niemand vor den Augen der (wissenschaftlichen) Kollegen lächerlich machen möchte, weil das allzu leicht eine Karriere kosten und auch anderweitige soziale Auswirkungen haben könnte. Und so muss man also in die gleiche Kerbe hauen wie alle anderen, weil man ansonsten kaltgestellt wird. Es ist außerdem den meisten regelrecht unangenehm, sich vorzustellen, dass unsere irdische Menschheit nicht der wunschgemäße Höhepunkt der Schöpfung ist, sondern dass wir eher in einer der hinteren Reihe sitzen. Was ist denn bei all der Gewalt, dem Egoismus, den Betrügereien und der Rücksichtslosigkeit auf unserem Planeten anderes zu erwarten? Ohne diese würden wir in einem Paradies von Liebe, Gerechtigkeit, Geschwisterlichkeit und Frieden leben. Die wirklichen Tatsachen unseres irdischen Lebens muten in vielerlei Hinsicht jedoch eher wie eine Art von Hölle an ...

Gehen wir noch einen Schritt weiter und fragen uns, was Engel sind. Manche Menschen meinen, dass sie einfach Außerirdische seien. Ist das so? Es gibt zweifellos sehr viele existenzielle Bereiche in der Schöpfung, nicht nur materielle, sondern auch energetische Bereiche in anderen Dimensionen. Also wird es wohl auch Wesen geben, die aus unserer Sicht immateriell sind, auf die der Begriff »Engel« eher passt – Geistwesen, körperliche Menschen anderer Welten oder auch irgendetwas dazwischen. Was ist mit »spirituell« oder »geistig« gemeint? Ebensolche Bereiche, die für uns nicht wahrnehmbar sind und deshalb für Geisterwelten gehalten werden. Aber durch Skepsis, Zweifel, Abreden und anderweitige Bemühungen wird immer versucht, dementsprechende Begriffe in das Prokrustesbett unseres eingeschränkten Weltbilds hineinzuzwängen.

Beim Überarbeiten dieses Textes im März 2017 bin ich auf eine Aussage von Professor Stephen Hawking gestoßen, der zweifellos als Autorität gilt:

> »Wenn draußen im Weltraum intelligente außerirdische Lebensformen existieren, sind sie nicht unbedingt die freundlichen kosmischen Nachbarn, nach denen die

Menschen der Erde suchen. Solche weit entwickelten Außerirdische könnten vielleicht zu Nomaden geworden sein, die alle Planeten, die sie erreichen können, zu erobern und kolonisieren suchen. In diesem Fall wäre es für sie sinnvoll, von jedem neuen Planeten Material auszubeuten, um noch mehr Raumschiffe zu bauen und dann weiterziehen zu können. Wer weiß, wo dort die Grenze liegt? Wir müssen nur uns selbst anschauen, um zu sehen, wie intelligentes Leben sich zu etwas entwickeln kann, dem wir nicht begegnen möchten. Ich stelle mir vor, dass die Außerirdischen in enorm großen Schiffen leben und alle Ressourcen ihres Heimatplaneten aufgebraucht haben. … Wir wissen nicht viel über Aliens, aber wir wissen viel über die Menschen. Wenn wir uns unsere eigene Geschichte anschauen, sehen wir, dass Kontakte zwischen Menschen und weniger intelligenten Organismen aus der Sicht der Letzteren oft katastrophal verlaufen sind, und dass Begegnungen zwischen weit entwickelten Zivilisationen und solchen mit primitiven Technologien für die weniger Entwickelten schlecht ausgingen. Eine Zivilisation, die eine unserer Botschaften liest, könnte uns Milliarden von Jahren voraus sein. Wenn das so ist, sind sie enorm viel mächtiger und sehen in uns vielleicht keinen größeren Wert als den, den wir in Bakterien sehen.«[1]

Solche Außerirdische würden von den Menschen der Erde leicht für Götter gehalten werden und würden deshalb zu ihrer

1 Vom Autor übersetztes Zitat von https://www.ancient-code.com/stephen-hawking-warns-aliens-conquer-earth-colonize-exploit/.

eigenen Sicherheit und zur Durchsetzung ihrer Vorhaben einen großen Nutzen darin sehen, eine Religion zu gründen.

Wir können nur innig hoffen, dass es darunter »Götter« gäbe, die uns auch in der moralischen Entwicklung weit voraus wären, und nicht – so wie wir weitgehend selbst auf dieser Erde – eher nur in technischer Hinsicht überlegen, aber moralisch primitiv unterentwickelt wären …

Es sei auch noch erwähnt, dass Stephen Hawking auf eine weitere Gefahr für die Menschheit hingewiesen hat: die künstliche Intelligenz. Heute entstehen Supercomputer, die anfangen, selbst zu denken! Die künstliche Intelligenz, auch unter dem Begriff A.I. = *artificial intelligence* bekannt, entwickelt sich immer weiter. Hawking und andere Wissenschaftler halten es für möglich, dass Maschinen in Zukunft den Menschen überlegen sein könnten. In der Apokalyptik wird oft darauf hingewiesen, dass angeblich der Antichrist auf Erden erscheinen soll, noch vor der erwarteten Wiederkunft Christi. Sollten Maschinen intelligenter als Menschen werden, könnte sich dann der prophezeite Antichrist in einen Supercomputer inkarnieren (oder eher »inmachinieren«, vom lateinischen *machina* = Maschine)?

Eine neue und aktuelle Idee im Zusammenhang mit künstlicher Intelligenz ist es, uns Menschen zu Bestandteilen einer globalen künstlichen Intelligenz zu machen, indem uns ein Implantat ins Gehirn eingesetzt wird, das uns mit einem zentralen Computersystem verbindet. Wir würden dann alle an einer »Cloud«, einer »Wolke« (hier als ein Computerbegriff gemeint, der vielen Lesern bereits vertraut sein wird), hängen und von dort gesteuert, gelenkt und manipuliert werden – endgültig versklavt.

Es ist natürlich berechtigt, zu hoffen und sogar zu erwarten, dass es auch wohlwollende Außerirdische gibt, die uns bei Bedarf gerne helfen würden – sofern nicht andere Außerirdische oder sogar wir selbst das zu verhindern suchen. Diejenigen, die in unserer Welt die Macht haben, möchten nicht riskieren, diese abgeben zu müssen, weil andere Wesen sie durchschauen und die Zustände durchgreifend verändern möchten. Und dann stellt sich noch die Frage nach einer Höchsten Wesenheit, nach einem Schöpfer – oder gar auch nach halbgöttlichen Wesen, die in die Rolle des Schöpfers schlüpfen möchten und uns aus Machtgründen vortäuschen wollen, sie seien unsere Schöpfer, obwohl sie selbst von ihm erschaffen wurden …

Referenzen

- *Elon Musk wants to implant an AI interface in your brain:* https://www.extremetech.com/extreme/246610-elon-musk-wants-implant-ai-interface-brain
- *Facebook soll dereinst direkt vom Gehirn gesteuert werden:* https://www.noz.de/deutschland-welt/digitale-welt/artikel/883332/facebook-soll-einst-direkt-vom-gehirn-gesteuert-werden – und wir von dort …

Die Herrschaft der Anunnaki

Wir benötigen zunächst einen Überblick über die Entstehung und die Entwicklung einer jahrtausendealten Religionsgeschichte, die über eine Entartung der wahren christlichen Botschaft in ein kirchliches Christentum mündete. Wir beginnen mit Zeugnissen aus dem alten Mesopotamien, die uns auf Keilschrifttafeln überliefert sind, und verfolgen den Weg, der dort anfing, anschließend weiter über den Nahen Osten nach Europa führte und sich dann vor allem in der westlichen Welt verbreitete.

Wer sind die Anunnaki, und was wissen wir über sie?[2]

Über die Anunnaki, die auch Anunna genannt werden, wird heute viel geredet und geschrieben. Die öffentliche Aufmerksamkeit für dieses Thema wurde durch die Bücher von Zecha-

2 Vortrag (hier ein wenig aktualisiert) von Jan Erik Sigdell auf dem Kongress für Grenzwissen in Regen am 8. Oktober 2016 mit einem kurzgefassten Überblick über den wesentlichen Inhalt seines Buches *Die Herrschaft der Anunnaki*, Amra Verlag, Hanau 2016. Ein Mitschnitt des Kongresses, an dem unter anderem auch Johannes von Buttlar, Andreas Winter, Gabriele Schuster-Haslinger, Klaus Volkamer und Robert Stein teilnahmen, liegt auf DVD vor, erhältlich auf https://nuoviso.tv.

ria Sitchin geweckt. Sein erstes Buch über die Anunnaki erschien unter dem Titel *Der Zwölfte Planet.* Dieser Titel bezieht sich auf die Hypothese, dass es außerhalb der in der heutigen Astronomie bekannten Planeten noch einen weiteren, zwölften Planeten gibt, den Sitchin später als *Nibiru* bezeichnete. In der Astronomie sind neun Planten bekannt, und da man in der alten Astronomie auch die Sonne und den Mond als Planeten bezeichnete, sprechen wir von elf Planeten. Somit ist der von Sitchin beschriebene, hypothetische Planet der zwölfte Planet. Zählt man Sonne und Mond nicht zu den Planeten, wird Nibiru auch als der Zehnte oder Planet X bezeichnet.

Wie kam Sitchin zu dieser These? Er bezog sich auf uralte Keilschrifttafeln, die im Laufe der Jahrhunderte in Mesopotamien gefunden wurden. Erst in der Mitte des 19. Jahrhunderts gelang es, die Schriftzeichen auf den Tafeln sowie die unterschiedlichen Sprachen der Texte zu entziffern. Nach und nach wurde eine ganze Bibliothek von zahlreichen faszinierenden Schriften entschlüsselt und übersetzt.

In den Texten der Mesopotamier wird von einem Volk erzählt, das nach dem Namen seines Herrschers *Anu* benannt ist. Zu einer der interessantesten Schriften in unserem Zusammenhang zählt *Enuma Elish.* Diese Schrift hat ihren Namen nach den ersten beiden Worten in ihrem Text erhalten, die »als dort oben« bedeuten. Wo oben? In den »himmlischen Höhen« außerhalb unserer Erde.

Es gibt natürlich noch viele andere Keilschrifttexte, die in diesem Zusammenhang wichtig sind, darunter will ich besonders *Atra-Hasis* erwähnen. Doch zurück zum *Enuma Elish.*

Enuma Elish ist die babylonische Schöpfungsgeschichte, in der darüber berichtet wird, wie das Universum mit allen darin befindlichen Existenzebenen, Welten, Himmelskörpern und Wesen erschaffen wurde. Aus dem Urschöpferpaar Apsu und Tiamat, das man auch als zwei Aspekte einer androgynen Wesenheit betrachten kann, geht die gesamte Schöpfung hervor. Der weibliche und die Schöpfung »gebärende« Aspekt ist Tiamat, ihr Gatte Apsu ist der Urvater der Götter. Neben Apsu und Tiamat wird noch von einer dritten Wesenheit zu Beginn der Schöpfung berichtet: Apsus Wesir Mummu, über den allerdings sehr wenig bekannt wird, sodass er schwer einzuordnen ist und eine unklare Rolle einnimmt.[3]

Aus dieser Trinität ging stufenweise eine Reihe von wesenheitlichen Schöpfungen hervor, die als Götter bezeichnet werden. Sie traten meistens paarweise auf und vermehrten sich in zunehmender Zahl zu immer mehr Göttern, die sich hierarchisch ordneten. Doch diese Götter wurden dem Urschöpfer Apsu allmählich »zu laut« und störten die Ordnung in der Schöpfung. Apsu fand keine Ruhe mehr und überlegte, ihre Erschaffung rückgängig zu machen, die Götter also in die Urenergie zurückzuschicken. Dadurch würden sie nicht wirklich getötet, sondern ihre Existenz würde zum Ursprung zurückgestuft. Mummu riet ihm, dies zu tun, doch Tiamat war dagegen. Sie wollte die Götter lieber gütig dulden, denn sie war ja schließlich ihre Urmutter. Die Anunnaki erfuhren von diesen Plänen und vereitelten sie, indem sie Apsu umbrachten und Mummu fesselten. Später ließen sie einen der ihren, einen Gott namens Marduk, in einem gewaltigen Kampf auch Ti-

3 Lamberts *Babylonian Creation Myths*, p. 218-221, enthält einen Abschnitt über Mummu, der eher verwirrend als aufklärend ist. Das Wort kann mit »Weisheit« und »Fähigkeit« verbunden werden. Als Name bezeichnet es den Erstgeborenen von Apsu und Tiamat.

amat töten. Aber kann man die Urschöpfer wirklich umbringen? Natürlich nicht, denn dann würde auch die gesamte Schöpfung nicht mehr existieren, und auch die Anunnaki wären somit nicht mehr existent. Die wahre Bedeutung wird deshalb sein, dass die Anunnaki den Urschöpfern den Rücken kehrten und so leben wollten, als gäbe es diese Urschöpfer nicht mehr – und so ließen sie ihr Volk glauben, die Schöpfer seien tot. Damit annektierten sie einen Teilbereich der Schöpfung Apsus für sich selbst, den sie zwar nach Apsu benannten, vom wahren Apsu jedoch sollte das Volk nichts mehr wissen. Die Anunnaki etablierten ihre eigene Welt, ganz so, als ob es keine anderen Welten gäbe. In dieser Welt verdichteten sich Energien zu Materie, und es entstand unter anderem ein großer Planet, der für sie zur Heimat wurde.

Dieser Planet ist nach Sitchin jener Zwölfte, den er später als Nibiru bezeichnete. Tatsächlich ist aber unklar, ob Nibiru wirklich der fragliche hypothetische Planet ist, denn es gibt hier gewisse Identifikationsprobleme. Einiges spricht dafür, dass der Heimatplanet der Anunnaki möglicherweise von irgendwo im Universum in unser Sonnensystem geraten ist.

Was Nibiru betrifft, scheint ein zwölfter Planet im äußeren Bereich des Universums nicht sehr gut mit den Texten des *Enuma Elish* übereinzustimmen. Nach meiner Meinung handelt es sich um einen anderen Himmelskörper, sodass wir es hier mit zwei verschiedenen Planeten zu tun haben.

Diese subjektive Schöpfungsdarstellung kann nur bedeuten, dass es in der Schöpfung auch andere Bereiche als nur die Enklave der Anunnaki gibt, davon aber niemand in ihrer Welt etwas wissen sollte. Die Keilschrifttafeln berichten ausschließlich über die Anunnaki und darüber, wie sie die Menschheit unserer Erde »erschaffen« haben und wie die Menschheit sich später entwickelte. In den Tafeltexten werden andere »Götter« und außerirdische Zivilisationen anderer Bereiche nicht erwähnt, obwohl diese zweifellos im Universum existieren. Denn sonst gäbe es kaum »Gutes«, sondern eher nur »Negatives« in der Schöpfung …

Sitchin geht in seinen Büchern nicht auf den »Urgöttermord« ein, mit dem die Anunnaki sich als moralisch primitiv und eher als »göttliche« Barbaren entlarven. Sie erscheinen uns dadurch wie »gefallene Engel«, die die Begriffe »Gut und Böse« umgekehrt haben. Aus ihrer Sicht haben sie die Urschöpfer zum Bösen erklärt, weil diese einen ihrer Meinung nach missratenen Teil der Schöpfung rückgängig machen wollten. Dem Unvoreingenommenen erscheint jedoch viel eher das Volk der Anunnaki selbst als das »Böse«. Sitchins Bücher sind, wie man sieht, eher parteiisch, und seine Auslegungen sind in vielen Teilen umstritten.

Die Anunnaki nahmen später einen Planeten aus einem dimensionsmäßig benachbarten Bereich ihrer Enklave ein, um diesen nach Mineralien, die sie für ihren eigenen Planeten benötigten, auszubeuten. Dieser Planet ist unsere Erde. Die Anwesenheit der Anunnaki auf der Erde führte die Entwicklung der Menschheit in eine unheilvolle Richtung, die noch heute andauert.

Es wird schon vorher Menschen und Zivilisationen auf unserer Erde gegeben haben. Jedoch entstand durch das Eingreifen der Anunnaki eine neue Menschheit, die auf der Erde immer vorherrschender wurde. Diese Menschen sollten den Anunnaki ursprünglich als Sklaven dienen und deren eigene Arbeiter ersetzen, die in den Ausgrabungen hatten schuften müssen, dann aber revoltiert hatten. Wegen des Aufstands in den eigenen Reihen beschlossen die Anunnaki, durch genetische Manipulation irdischer Lebensformen eine Sklavenrasse entstehen zu lassen, die sie mit ihren eigenen Genen »impften«. Nach verschiedenen misslungenen Experimenten hatten sie schließlich die ersten Menschen dieser Rasse erschaffen, ließen diese sich vermehren und setzen sie als Arbeiter ein.

Auf der Erde war der Anunnaku[4] Enlil als Statthalter für die Herrscher der Anunnaki eingesetzt, als Administrator für sie auf unserem Planeten sozusagen. Auch sein Bruder Enki spielte eine große Rolle auf der Erde. Enlil verachtete die neu geschaffene Menschheit auf dem besetzten Planeten, Enki stand ihr hingegen eher wohlwollend gegenüber. Die Menschen vermehrten sich naturgemäß, und es kam schließlich so weit, dass sie Enlil zu viel wurden. Sie störten ihn und wurden ihm »zu laut« (ähnlich wie vormals bei Apsu), sodass er sie vernichten wollte. Sein Plan sah vor, dies durch eine Sintflut zu bewerkstelligen. Seinem Bruder Enki verbat er, die Menschen zu warnen, was dieser aber durch einen Trick trotzdem tat. Enki sprach wie im Selbstgespräch darüber zu einer Schilfwand, aber mit Absicht so, dass es von einem Mann namens Atra-Hasis gehört wurde. Dieser Atra-Hasis heißt in anderen Keilschrifttexten Utnapishtim oder Ziusudra. Er sollte ein Schiff bauen und darin Tiere und Menschen aufnehmen, um sie durch die Sintflut zu retten. Die Tiere, die Atra-Hasis auf das Schiff brachte, waren aber keine lebendigen Tierscharen (weil niemals alle Tierarten auf das

---

4 Da »Anunnaki« ein »Göttervolk« bezeichnet, ist das Wort inhärent mehrzahlig, und ich verwende deshalb »Anunnaku« als vereinfachte Einzahlform.

Schiff gepasst hätten), sondern »geschlachtete«. Nur ein »Bestandteil« der Tiere, ihre DNS, wurde aufgenommen, sodass sie daraus später wiederhergestellt werden könnten. So wurden zahlreiche irdische Lebensformen, darunter auch die von den Anunnaki genmanipulierten Menschen, durch die Sintflut hindurch gerettet, um nachher die Welt wieder beleben zu können. Enlil wurde zornig, als er davon erfuhr: »Ist ein einziger dieser Sterblichen entkommen? Niemand sollte die Zerstörung überleben!«

Die Anunnaki sind mehrdimensionale Lebewesen, wahrscheinlich sind sie fünfdimensional. Sie nähren sich an Energien, die in Bereichen über »unseren« drei Dimensionen vorhanden sind. Der »Nahrungsfluss« in der Schöpfung geht vom Urlicht des Urschöpfers aus: Pflanzen nehmen Sonnenlicht auf und verbinden dieses mit Substanzen, die sie aus der Erde ziehen. Diese Pflanzen bilden unsere Nahrung und die Nahrung der Tiere, sodass die Wesen der Erde beim Verzehr der Pflanzen die Lichtenergie der Sonne aufnehmen. Da dies auch für die Tiere gilt, nehmen wir also auch beim Essen von Fleisch die Energie des Sonnenlichts zu uns. Die Anunnaki haben sich allerdings vom Urschöpfer und damit von der energetischen Urquelle der Ernährung abgewandt. Sie haben also keinen Zugang zur Urquelle aller Energie und ernähren sich deshalb (unter anderem) von uns. Gemüse und Fleisch sind keine Nahrungsquellen für sie, daher versorgen sie sich durch uns über Umwege mit der Lichtenergie. Sie benötigen dazu unsere biologische Lebensenergie, die beim Sterben des Körpers freigesetzt wird. Wenn ein alter oder kranker Mensch stirbt, hat dieser kaum noch Lebensenergie. Stirbt ein Mensch aber eines gewaltsamen Todes, besitzt der Körper im Moment des Sterbens noch die volle Lebensenergie. Daher sehen es die Anunnaki gerne, wenn Menschen gewaltsam sterben, weil sie dann die gesamte Lebensenergie des Menschen aufnehmen können. Im Gilgamesch-Epos wird berichtet, dass Utnapishtim am Ende der Flut eine Opferung darbrachte: »Als die Götter den süßen Duft rochen, versammelten sie sich wie Fliegen über der Opferung«. Ein Bild, das mehr als tausend Worte sagt …

Wir erkennen hier sofort die biblische Sintflutgeschichte, auch wenn sich die beiden Geschichten in einigen Einzelheiten unterscheiden. Es ist nicht die einzige Geschichte, die es in ähnlicher Form sowohl in der Bibel als auch auf Keilschrifttafeln gibt. Viele Ethnologen und Sprachwissenschaftler, die sich mit den Keilschrifttafeln befassen, sind deshalb der Meinung, dass die Vorlage für die Schöpfungsgeschichte der Bibel in den Tafeltexten zu finden ist, ungeachtet dessen, wie sehr sich Theologen und Rabbiner dagegen wehren …

Der erste Satz in der Bibel deutet schon auf eine Beziehung zum *Enuma Elish* hin. Der hebräische Text in 1. Mose 1,1 lautet wie folgt: *Bere'shit bara' 'elohim 'et hashamajim ve'et ha'aretz*, meistens übersetzt als: »Am Anfang schuf Gott den Himmel und die Erde« (die Elberfelder Bibel hat hier mit »die Himmel« richtiger eine Mehrzahl des Originaltextes angegeben).

Wie man es auch dreht und wendet, *'elohim* ist und bleibt die Mehrzahlform von *'eloah* = »Gott«. Deshalb hat man versucht das Wort als »… schufen die Götter …« zu deuten, dies passt aber grammatikalisch nicht, da das Verb *bara'* die Einzahlform hat. Erleichtert kehren Theologen dann das Rätsel unter den Teppich und erklären *'elohim* zum *Pluralis Majestatis*. Diese grammatikalische Form kommt im Hebräischen zwar vor, aber es gibt eine andere Lösung des Problems, auf die die Theologie vermutlich absichtlich nicht eingehen will.

Die konventionelle und »dogmatisch anerkannte« Übersetzung von *bere'shit* basiert auf *be* = »in, an« und *re'shit* = »Anfang«. Jedoch kann gemäß Wörterbüchern *re'shit* alternativ »der Erste (seiner Art)« bedeuten, und *be* kann auch auf den »Ursprung« hinweisen. Somit kann das Wort *bere'shit* als eine etwas tautologische Formulierung aufgefasst werden, die »der ursprüngliche Erste« oder »der Aller-Erste« bedeutet, also der *Urschöpfer*. Dann passt es wie folgt auch grammatikalisch: *Der Erste schuf die Götter mit den Himmeln und mit der Erde* oder etwas freier auch: *Der Urschöpfer erschuf die Götter [zusammen] mit den kosmischen Welten und der Erde.*

Die Übersetzungen verschiedener Sprachforscher von *Enuma Elish* und anderen Keilschrifttexten unterscheiden sich deutlich, stellenweise sogar sehr. Wo am Anfang von Apsu die Rede ist, wird er meistens als der »Uranfängliche« oder der »Erste« bezeichnet, was direkt zu dieser Deutung von *bere'shit* passt und einen Zusammenhang andeutet.

Das kleine Wort *et* wird konventionell in dem Satz aus 1. Mose 1,1 nicht übersetzt. Es ist einerseits ein Akkusativpartikel, kann aber andererseits auch »mit« bedeuten, was nicht in die dogmatische Übersetzung passt – hier macht es aber Sinn! Damit wird die oben formulierte Deutung erhärtet.

Das hebräische Wort *shamajim* für »Himmel« steht ebenfalls in der Mehrzahl und kann sinnvollerweise als »kosmische Welten« aufgefasst werden. Wer sind die »erschaffenen Götter«? In unserem Zusammenhang offensichtlich Bewohner der kosmischen Welten – Planeten oder Dimensionsbereichen – also nicht nur Bewohner der Erde, sondern auch *außerirdisches*

Leben im Allgemeinen: die Anunnaki *und andere »Götter« da draußen* … Wie oben bereits erwähnt, haben in unserer hypothetischen Betrachtung der mesopotamischen Texte, die davon ausgeht, dass die Texte potenziell auf tatsächlichen Gegebenheiten basieren, die Anunnaki einen Teilbereich der Schöpfung annektiert – wenn es hier schon um einen Teilbereich der Schöpfung geht, ist davon auszugehen, dass es auch andere Bereiche geben muss.

Diese »Götter« zogen sich später von der Erde zurück, behielten aber eine größtenteils unsichtbare Überwachung und Kontrolle über die von ihnen hervorgebrachte Menschheit auf unserem Planeten bei. Sie halten sich für unsere Schöpfer und wollen deshalb Besitzansprüche haben, die jedoch unbegründet sind. Erstens ist ein wahres Erschaffen ein Vorgang, womit etwas aus der Urenergie der Schöpfung entsteht, das vorher nicht da war. Das konnten die Anunnaki nicht. Etwas bereits Existierendes zu manipulieren und umzuwandeln, ist kein wahres Erschaffen. Zweitens haben sie nur die allerersten Vorfahren einer genetisch manipulierten Menschenrasse hervorgebracht, aber nicht die Menschen, die durch natürliche Vermehrung daraus entstanden. Also gehören *wir* ihnen keinesfalls, und egal mit welcher Begründung sie beanspruchen, dass sie in Bezug auf uns angeblich Besitzrechte hätten, sind sie im Unrecht. Erst recht, da sie die Menschheit zunächst vernichten wollten …

Weil sie ungerechterweise Besitzansprüche an den Menschen beanspruchen und außerdem offensichtlich noch andere Interessen an unseren Planeten haben, halten die Anunnaki noch heute ihre Kontrolle über die irdische Menschheit aufrecht und manipulieren uns in Politik, globalisierter Wirtschaft und in anderer Weise, um uns in eine erwünschte

Richtung zu steuern. Dazu lassen sie eine von ihr manipulierte Elite die Macht über uns ausüben, die sich selbst der Tatsache mehr oder weniger unbewusst ist, wer ihre Fäden zieht. Diese Elite besteht größtenteils aus Mitgliedern von Geheimgesellschaften freimaurerischer Art und bildet verschiedene Stufen einer Machtpyramide, an deren allergeheimsten Gipfel die Anunnaki stehen. Die Elite wird direkt, aber unsichtbar von den Anunnaki gesteuert, wobei die meisten ihrer Mitglieder sich darüber nicht im Klaren sein dürften. Einige wenige Mitglieder der Elite werden wohl darüber Bescheid wissen, haben aber den Anunnaki ihre Seele für Macht und Erfolg verkauft.

Wie können die Anunnaki eine unsichtbare Kontrolle aufrechterhalten und uns dadurch manipulieren? In der heutigen Physik steht es außer Zweifel, dass das Universum mehrdimensional ist. Wir Menschen sind vielleicht absichtlich dahingehend genetisch manipuliert, dass wir nur drei Dimensionen wahrnehmen können. Wenn aber der Kosmos viel mehr Dimensionen hat – vielleicht fünf, vielleicht neun oder gar zwölf – ist es völlig unlogisch zu meinen, dass es in jenen weiteren Dimensionen kein Leben gäbe. Selbstverständlich gibt es dort Leben in sehr vielen Formen, die wir uns mit unserer beschränkten Auffassungsgabe kaum vorstellen können. Und es existieren im Universum auch ebenso materielle Welten wie die unsere. Sollten die Anunnaki also fünfdimensionale Lebewesen und auf einem Planeten beheimatet sein, der sich in anderen, für uns nicht wahrnehmbaren, Dimensionen befindet, ist es für sie kein Problem, sich für uns unsichtbar zu machen. Sie können uns wahrnehmen, aber wir sie nicht, es sei denn, sie verschieben sich in unseren Dimensionsbereich.

Das ist offensichtlich noch heute so. Wir werden kontrolliert und gesteuert. Ein besonders wirksames Instrument dafür ist die *Religion!* Am Anfang war es sicher so, dass es Menschen gab, die als Zwischenglieder eingesetzt waren, die Kontakt zu den Anunnaki hatten und nach deren Befehlen handelten. Diese gibt es wohl heute so nicht mehr, aber es sind Institutionen vorhanden, die ursprünglich von den Anunnaki errichtet wurden, um uns mit Gesetzen, Verhaltensregeln und Mythen über »Götter« und »ihre Schöpfung« zu kontrollieren und uns über wesentliche Wahrheiten in Unwissenheit zu lassen.

Das soll nun nicht heißen, dass es keinen Urschöpfer gibt! Der Ausweg aus dieser Kontrollmatrix ist nicht der Atheismus, sondern ein wacher Blick hinter die Märchen, die uns auch weiterhin erzählt werden, denn nur so können wir allmählich die Wahrheit erkennen. Eine Wahrheit, die man uns vorenthalten will, weshalb es uns so schwierig wie möglich gemacht wird, sie aufzudecken. Wir werden wohl – solange wir uns im derzeitigen Stadium befinden – nie die volle Wahrheit erfassen, sondern ihr nur schrittweise näherkommen können.

Das soll auch nicht heißen, dass alle Religionen derartig hinterhältige Kontrollinstrumente sind. Auf unserer Erde gibt es viele Religionen, und früher waren es noch mehr. Auch andere »Götter« haben uns höchst wahrscheinlich besucht, wovon einige eher wohlwollend waren und uns in unserer Entwicklung fördern wollten. Auch sie haben Religionen hinterlassen, die sicher der Wahrheit in mancher Weise näher sind (beziehungsweise waren).

Es scheint gut möglich, dass der Hinduismus seinen Ursprung bei eher wohlwollenden außerirdischen Besuchern hat. Schriften wie Mahabharata zeugen von Luftkämpfen zwischen fliegenden *vimanas*, manche Texte berichten von furchtbaren Waffen, die an Nuklearwaffen erinnern. Haben die indischen Götter etwa gegen Anunnaki gekämpft?

Andere Religionen erinnern in ihrer Grausamkeit hingegen eher an die Anunnaki. So hat der »Gott« Quetzalcuatl von den Azteken horrible Blutopfer verlangt. Die Mayas, ein ursprünglich friedliches Volk, das später von den Azteken besetzt und »aztekifiziert« wurde, nannten jenen Gott Kukulkan,[5] und auch sie opferten diesem Gott Menschen.

Wir kommen nun zu einem wesentlichen, aber kontroversiellen Anliegen meinerseits, nämlich dem Nachweis, dass der Anunnaku Enlil derjenige ist, der später Jahweh genannt wurde und noch später auch Allah.

Der Anunnaku Enlil, alias Jahweh, hat in einem geschlossenen Bereich namens Eden eine eigene kleine »Schöpfung« hergestellt, einen Hofgarten nur für sich selbst. Darin gab es zwei »Bäume«: den Baum des Lebens und den Baum der Erkenntnis. Von Letzterem sollten die Menschen, die von ihm für diesen Bereich hervorgebracht worden waren, nicht »essen«. Warum denn nicht? Man hat uns immer glauben lassen, dass das »Essen« von jenem Baum die Sexualität sei. Das bezieht sich auf eine vielleicht absichtliche Verwechslung mit dem hebräischen Wort *jad'a*, das eine zweifache Bedeutung hat: »erkennen« und »sich sexuell vereinigen«. Die zweite Bedeutung passte wohl in der patriarchalischen Gesellschaft gut, um Menschen Sündhaftigkeit vorzuwerfen und sie so besser kontrollieren zu können. Vgl. 1. Mose 4,1: »Und Adam erkannte (*jad'a*) sein

5 Dies stimmt nicht mit der offiziellen Geschichtsschreibung überein, ergibt sich aber aus Rückführungserlebnissen im alten Mayareich.

Weib Eva, und sie ward schwanger und gebar den Kain.«[6] Nun hat aber der Baum der Erkenntnis nichts mit *jad'a* zu tun, denn dieser Baum heißt im Hebräischen *'etz ha-da'at.* Das Wort *jad'a* kommt in 1. Mose 2 gar nicht vor, verwendet wird dort *da'at.* Und *da'at* bedeutet eben nicht »sich sexuell vereinigen«, sondern »Weisheit«, »Wahrheit«. Somit hat der Baum der Erkenntnis nichts mit verbotener Sexualität zu tun. Vielmehr sollen wir nicht davon essen, weil wir keine Weisheit suchen und die Wahrheit nicht erkennen sollen – wir sollten nicht zu viel wissen, sondern ohne zu hinterfragen gehorchen …

Gegen die Auslegung des Bibeltextes im Sinne von Sexualität als »Ursünde« sprechen auch die folgenden Fakten:

- Es wurde Adam bereits verboten, vom Baum zu essen, noch *bevor* Eva überhaupt »erschaffen«[7] worden war und Sexualität noch kein Thema war.
- Sie aßen *nacheinander* vom Baum. Sexualität ist etwas, das man normalerweise gemeinsam tut und nicht nacheinander.
- Eva wurde nicht dann schwanger, sondern erst später (1. Mose 4,1, siehe oben).

Wer ist also dieser Jahweh? Er ist der Gott der hebräischen Bibel und der christlichen Bibel im Alten Testament. Im heb-

---

6 Eine außerbiblische Überlieferung deutet an, dass möglicherweise Eva von Jahweh geschwängert wurde. In diesem Fall könnte man es auch so verstehen: »Adam erkannte, dass sein Weib Eva [bereits] schwanger war …«, womit die Deutung von *jad'a* als »Sex haben« entfällt.

7 Wie oben erwähnt, nicht wirklich »erschaffen«, sondern mit von Adam entnommenem genetischen Material »erzeugt«.

räischen Text steht der Name nur mit Konsonanten als JHWH geschrieben, da man ihn im Judentum nicht aussprechen soll. Wenn man von ihm redet, sagt man stattdessen *Adonai*. Dieses Wort ist eine altertümliche Mehrzahlform (wiederum!) von *Adon* = »Herr«. Der Name JHWH wird auch als Tetragrammaton bezeichnet: »Die vier Buchstaben«. Es gibt verschiedene Theorien darüber, welche Vokale man diesen vier Konsonanten zuordnen soll. Die heute in der Theologie allgemein anerkannte Aussprache ist »Jahweh«. Eine häufig vorkommende Variante ist »Jehowah«, in der man im Wesentlichen, aber nicht genau, die Vokalisierung von Adonai übernommen hat. Dieser Name bedeutet etwa »er, der ist« (»ich bin der, der ich bin« in 2. Mose 3,14[8]). Man hat auch andere Vokale eingesetzt, da ja keine festgelegt sind, und dann kommen natürlich andere Bedeutungen hervor (eine dieser Vokalisierungen, »Jahawah«, führt sogar zur Bedeutung »er bringt Unheil« ...). Wer ist nun dieser Gott?

Jahweh führte durch Moses die Hebräer aus Ägypten in das »Gelobte Land«. Als sie nach einer langen Wanderung durch den Sinai schließlich dieses Land erreichten, sahen sie zu ihrer Enttäuschung, dass es nicht frei war. Es lebten dort bereits Menschen in Städten. *Deshalb befahl Jahweh, sie alle ausnahmslos zu töten und nicht ein Kind, eine Frau oder einen alten Mann zu schonen*, sodass die Hebräer leben konnten in *großen und feinen Städten, die du nicht gebaut hast, und Häusern, allen Guts voll, die du nicht gefüllt hast, und ausgehauenen Brunnen, die du nicht ausgehauen hast, und Weinbergen und Ölbergen, die du nicht gepflanzt hast, dass du essest und satt werdest* (5. Mose

8 Fast mit einem Unterton von: »Es geht dich nichts an, wie ich heiße ...«

6,10-11). So fand ein wahrer *Holocaust* statt, in welchem sie eine Stadt nach der anderen angriffen und »niemand übrigließen«, wie es sehr lebhaft auf den *blutigen Seiten* in 5. Buch Mose, Josua, Richter und anderen Büchern der Bibel beschrieben wird. Nach diesem vollständigen *Völkermord* hatten die Hebräer schließlich das Land von dessen ursprünglichen Einwohnern gestohlen, um es für sich selbst zu nutzen. Ist das ein liebevoller und friedlicher Gott, wie derjenige, den Jesus »Vater« nannte? Dieser blutrünstige, rächende, hassende, mörderische, übermäßig bestrafende, lügende und drohende »Gott«? Das kann natürlich nicht so sein!

Schon während der Wanderung durch den Sinai hat Jahweh seine Grausamkeit gezeigt. Ein Beispiel: In 4. Mose 16,35 wird berichtet, wie Jahweh als Strafe für ein Räucherwerk 250 Männer tötete. Da protestierten die Menschen, und als Strafe dafür, dass diese es wagten, zu protestieren, lies er auf einen Schlag 14.700 Menschen durch eine Plage sterben.

In 4. Mose 31,14-18 lesen wir: »Und Mose wurde zornig über die Hauptleute des Heeres ... die aus dem Feldzug kamen, und sprach zu ihnen: Warum habt ihr alle Frauen leben lassen? ... So tötet nun alles, was männlich ist unter den Kindern, und alle Frauen, die nicht mehr Jungfrauen sind; aber alle Mädchen, die unberührt sind, die lasst für euch leben.« In 4. Mose 31,35 wird auch noch berichtet, wie sie von einem Raubzug 32.000 unberührte Mädchen als Beute mitbrachten, aber alle anderen Menschen getötet worden waren. Warum sollten alle diese Mädchen am Leben gelassen werden? Zweifellos für sexuelle Dienste ...

Noch ein paar Beispiele: 5. Mose 2,34-35: »Da nahmen wir zu der Zeit alle seine Städte ein und verbannten [zu Tode] alle

Städte, Männer, Weiber und Kinder und ließen niemand übrigbleiben [überleben]. Allein das Vieh raubten wir für uns und die Ausbeute der Städte, die wir gewannen.« (Einfügungen in Klammern nach dem hebräischen Text, da alle Bibelübersetzungen hier die Formulierungen zu sehr »verniedlichen«.) Hosea 13,16: »Samaria muss es büßen; denn es hat sich wider seinen Gott empört; durchs Schwert sollen sie fallen; ihre Kindlein sollen zerschmettert und die Schwangeren aufgeschlitzt werden!« (Übersetzung von Schlachter.)

In den Psalmen lesen wir: »... ich zerschmetterte sie, dass sie nicht mehr aufstehen konnten; sie fielen unter meine Füße.« (18,38) »Du wirst sie machen wie einen Feuerofen, wenn du dreinsehen wirst; der HERR wird sie verschlingen in seinem Zorn; Feuer wird sie fressen. Ihre Frucht [Kinder] wirst du umbringen vom Erdboden und ihren Samen von den Menschenkindern. Denn sie gedachten dir Übles zu tun und machten Anschläge, die sie nicht konnten ausführen. Denn du wirst machen, dass sie den Rücken kehren [flüchten]; mit deiner Sehne [des Pfeilbogens] wirst du gegen ihr Antlitz zielen.« (21,9-12) »Wohl dem, der deine jungen Kinder nimmt und zerschmettert sie an dem Stein!« (137,9).

Es gibt so viele Beispiele dieser Art, dass man darüber ein eigenes Buch schreiben könnte. Der außerordentlich gelehrte Karlheinz Deschner schrieb darüber in seiner *Kriminalgeschichte des Christentums*, Bd. 1. Ein besonders gutes Buch zu diesem Thema ist auch *Jehovah Unmasked!* von Nathaniel Merritt.

Merritt schreibt (übersetzt):

»Die Menschen sind Opfer einer Rasse von Elohim/Archonten [Anunnaki] oder ›Göttern‹, welche dieses materielle Universum und die Menschheit aus toter, minderwertiger bereits existierender Materie gestaltet haben. ›Am Anfang erschufen die Götter den Himmel und die Erde‹ (*Genesis 1,1*), und die Menschen sind bis heute ihr Eigentum geblieben. Um die Kontrolle über die Menschen aufrechtzuerhalten und sicherzustellen, dass die Erde weiterhin deren Zwinger bleibt, haben die Elohim/Archonten diese Erde zu einer ständigen Quelle von endlosem Zank innerhalb der Menschheit gemacht. Sie haben Religionen errichtet und spirituelle Täuschungen gepflegt, um uns gegenüber der Realität blind zu machen und haben Kämpfe und Kriege untereinander gefördert, und sie haben die Erde zu einem Ort von unaufhörlichem sinnlosen physischen und psychischen Leid und Mühsal gemacht. Dieser traurige Zustand ist von einem Beginn an so gewesen, der in den Dünsten der Vorgeschichte verloren gegangen ist.«

Ist es nicht offensichtlich, dass Jahweh, der über das Volk jenes Landes herrschte und heute über noch viel mehr, nämlich über die ganze Welt herrschen will – und der diese Herrschaft auch durch Kirchen, die ihn als ihren »Gott« angenommen haben, durchsetzen will –, sich genau dadurch *disqualifiziert*? Wenn er sagt »Du sollst keine anderen Götter neben mir haben« (2. Mose 20,3), bedeutet das, dass es keine anderen Götter gibt, oder spricht er damit ein *Konkurrenzverbot* aus: Es gibt zwar andere Götter, aber ich soll euer einziger Gott sein und ihr sollt mit den anderen Göttern nichts zu tun haben?

Und wer ist Christus? *Enuma Elish* und andere mir bekannte Keilschrifttexte helfen uns hier auf der Suche nach einer

Antwort nicht viel weiter. Das Gnostische Christentum liefert uns hierzu aber Antworten. Dieses Gnostische Christentum war die allererste christliche Bewegung, die noch vor Paulus existierte (und von ihm bekämpft wurde, als er noch Saulus hieß). Es gab um Jesus herum zwei Kreise: den inneren Kreis seiner Jünger und anderer Personen, die ihm nahestanden, und den äußeren Kreis von Menschen, die seine Reden in der Öffentlichkeit hörten. Im inneren Kreis sprach Jesus wesentlich offener und ausführlicher über Dinge, als im äußeren Kreis, und er hat dort auch über manches gesprochen, das er im äußeren Kreis nicht erwähnte. Aus dem inneren Kreis entstand das Gnostische Christentum. Die Gnostiker verbreiteten die Lehren Jesu und fertigen dazu viele Schriften an, die aber nach dem Konzil in Nizäa im Jahre 325 allmählich verloren gingen. Im Jahre 1945 wurde jedoch in Nag Hammadi in Ägypten eine große Sammlung gnostischer Texte gefunden. Daher wissen wir heute, dass die Gnostischen Christen Jahweh, den sie Jaldabaoth nannten, nicht für den höchsten Gott hielten, sondern für einen *Irrtum* (oder Unfall) in der Schöpfung. Mächtige ihm untergeordnete Wesen nannten sie Archonten, die wahrscheinlich Anunnaki sind.

Im gnostischen Text *Das Evangelium der Wahrheit* wird dies sehr deutlich:

> »Dies ist das Evangelium dessen, nach dem man sucht, welches geoffenbart wurde denen, die vollkommen sind durch die Gnadenerweise des Vaters, das verborgene Mysterium, Jesus Christus. Durch dieses hat er die erleuchtet, die in Finsternis waren durch das Vergessen. Er erleuchtete sie; er zeigte (ihnen) einen Weg. Dieser Weg

aber ist die Wahrheit, die er sie lehrte. *Deswegen hat der* **Irrtum** *seinen Zorn gegen ihn erhoben, er hat ihn verfolgt, er hat ihn gequält, er hat ihn vernichtet. Er wurde an ein Holz genagelt* …« (Hervorhebungen durch den Autor)

Jesus wusste und erzählte zu viel über Wahrheiten, die Jahweh uns vorenthalten wollte. Deshalb bekämpfte Jahweh später auch das aus dem inneren Kreis Jesu entstandene Gnostische Christentum und verursachte die Zerstörung der gnostischen Texte – doch glücklicherweise wurden sie in Nag Hammadi wiedergefunden. Wenn Jesus vom »Vater« sprach, meinte er zweifellos den höchsten Schöpfer und *nicht* Jahweh!

Der höchste Gott wird in den gnostischen Schriften nur »Das Erste Wesen« genannt. Zu ihm gehört eine weibliche Wesenheit, Barbelo, und als Dritter auch Autogenes, »der aus sich selbst entstandene«, der im heutigen Sprachgebrauch Christus ist. Nun mag man sehr wohl, wenn man sich mit den gnostischen Schriften befasst, den unbenannten höchsten Gott mit Apsu vergleichen, Barbelo mit Tiamat (und mit dem Heiligen Geist[9]) und dann noch höchst hypothetisch Christus/Autogenes mit Mummu. Das Letztere ist aber spekulativ, denn über Mummu wissen wir, wie oben erwähnt, viel zu wenig.

Jesus ist meiner Meinung nach nicht mit Christus identisch, sondern ein *Botschafter Christi*, der in die Welt gesandt wurde, um uns über Zusammenhänge aufzuklären, die uns Jahweh vorenthalten wollte. Jesus erzählte uns die Wahrheit, und er ließ uns wissen, dass Jahweh nicht der wahre Gott ist.

---

9 Die Gnostischen Christen fassten den Heiligen Geist als weiblich auf. In der apokryphen Schrift *Das Evangelium der Hebräer* wird erzählt, dass Jesus von »meiner Mutter, dem Heiligen Geist« gesprochen hat.

Das machte Jahweh so zornig, dass er Jesus beseitigte, in der Hoffnung, dass dessen Lehren nach seiner Vernichtung vergessen werden würden. Doch das geschah nicht, stattdessen wurde die urchristliche Bewegung, die wir gnostisch nennen, nur stärker, und die Gnostiker verbreiteten die Lehren Jesu weiterhin. Deshalb brachte Jahweh Paulus dazu, ein abgewandeltes »Christentum light« zu gründen, in dem die von Jesus gelehrten »verbotenen Wahrheiten« nicht enthalten waren. Aus diesem paulinischen Christentum entstand die Kirche, die uns einen gefälschten Jesus und einen gefälschten Christus auftischte.

Die Kirche ist nicht christlich, sondern paulinisch ... und eigentlich ein verlängerter Arm der Anunnaki.

In Joh 8,31-47 spricht Jesus zu den Menschen im Tempel in Worten, die deutlich machen, dass er nicht Jahweh meint, wenn er vom »Vater« spricht. Er meint jemand höheren als Jahweh. In der vorisraelitischen kana'anitischen Kultur war Jahweh als einer der 70 Söhne des höchsten Gottes *'El 'Eljon* bekannt, und jener wird nach meiner Meinung Jesu »Vater« sein.

Jesus wurde uns also vom wahren Christus gesandt, um uns Wahrheiten zu lehren, welche die Anunnaki uns vorenthalten wollen. Deshalb können wir uns von ihrem Einfluss durch die ursprüngliche wahre Lehre, die uns durch das wiederentdeckte Gnostische Christentum vermittelt wird, erlösen – eine Erlösung auch vom gefälschten »Christentum« der Kirche, mit dem die Anunnaki uns irreführen wollen. Die Gnostischen Christen strebten auch danach, nach ihrem Tod über die Archonten hinweg lichtwärts zu gehen. Dieser Weg mag nicht der einzige sein, aber er steht uns heute wieder offen. Welchen Weg wir auch wählen, es geht wohl nicht ohne das wirklich christliche

Grundprinzip, das uns Gandhi vermittelte: »Nicht mitmachen, bürgerlicher Ungehorsam«. Das bedeutet: Wir sollten uns konsequent verweigern, uns an jeglichem Übel und an Ungerechtem zu beteiligen. Dies ist ein schwieriger und gefährlicher Weg in unserer Gesellschaft, der uns Wohlstand, Freiheit und sogar das Leben kosten kann – aber nur das körperliche Leben, denn unsere Seele ist unsterblich. Der Tod ist für die Seele nämlich ein Märchen. Wer es schafft, sich einigermaßen an diesen Weg zu halten, wird als Seele erlöst werden. Er mag dann auch zurückkommen, aber er wird dies unter ganz anderen Umständen als die Mitläufer tun. Die Gnostischen Christen wussten über die Reinkarnation Bescheid. Jahweh jedoch wollte nicht, dass die Menschen etwas davon wissen, weil sie, wenn sie unwissend blieben, eher in den Kreislauf seiner Welt zurückkehren und erneut hier inkarnieren würden. Er wollte verhindern, dass die Menschen aus diesem Kreislauf herausfinden und in andere Welten gehen konnten.

Zum »Gelobten Land« gehörte zu einem wesentlichen Teil das Land Kana'an, das von Menschen bewohnt war, die aus mesopotamischen Quellen wichtige Wahrheiten kannten. Dies ist heute nach religionsgeschichtlicher Forschung anhand von Ausgrabungsfunden diverser Inschriften bekannt. Auch wenn Enlil/Jahweh selbst mit jenen Quellen verbunden war, wollte er dennoch, dass diese Wahrheit den Menschen verheimlicht bleiben sollte, damit er sich selbst als »Urgott« darstellen konnte. Aus diesem Grund ließ er die Hebräer, die er nach Kana'an geführt hatte, in seinem Auftrag die dort lebenden Menschen vernichten.

Die Hebräer waren bereits lange vorher aus der Stadt Ur in Chaldäa in das Land Kana'an gegangen (1. Mose 11,28-

31: »Und Terach nahm seinen Sohn Abram, dazu Lot, den Sohn Harans, seinen Enkel, auch Sarai, seine Schwiegertochter, die Frau seines Sohnes Abram, und sie zogen miteinander aus von Ur in Chaldäa, um ins Land Kana'an zu gehen.« und 1. Mose 15,7: »Und Er sprach zu ihm: Ich bin der Herr, der dich von Ur in Chaldäa herausgeführt hat, um dir dieses Land zum Erbbesitz zu geben.«), wo sie offensichtlich mesopotamisches Wissen bewahrten. Später wurden sie wegen einer Hungersnot von dort nach Ägypten geführt (1. Mose 12,10: »Da aber eine Hungersnot im Land herrschte, zog Abram nach Ägypten hinab, um sich dort aufzuhalten; denn die Hungersnot lastete schwer auf dem Land.«). Dort wurden sie mit der Zeit wie zweitrangige Menschen behandelt, und Jahweh nutzte ihre Not, um sie viel später »zur Rettung« nach Kana'an zurückzuführen. Dort ließ er sie dann Nachkommen ihrer eigenen zurückgebliebenen Vorfahren töten, sie mussten also ihre eigenen Verwandten umbringen. Hatte er das Ganze inszeniert, um das alte Wissen in dieser Weise als eine »Volksgehirnwäsche« auszumerzen? War dies eine Art ethnische Säuberung?

Das alles geschah recht lange vor dem babylonischen Exil und hat mit diesem nichts zu tun. Aber von woher kamen die Hebräer nach Ur, einer Stadt im Lande Sinear in Mesopotamien? Es steht in manchen neuen Bibelübersetzungen, dass sie dorthin kamen, als sie »gegen Osten zogen«, also vom Westen her. Ältere Übersetzungen und hebräische Texte sagen, dass sie *vom Osten* kamen (1. Mose 11,2). Offenbar wollte man es so aussehen lassen, als seien sie aus einem vorhistorischen Israel dorthin gekommen, aber wenn sie wirklich von Osten her kamen, kann das nicht stimmen. John Sassoon hat sich mit dieser Frage in seinem Buch *From Sumer to Jerusalem – The Forbidden Hypothesis*[10] eingehend befasst. Es scheint zu stimmen, dass die Hebräer aus einer Gegend östlich von Mesopotamien kamen. Über das genaue »Woher« kann man aber nur rätseln. Dies unterstützt die »verbotene Hypothese«, dass das hebräische Volk seinen kulturellen und ethnischen Ursprung in Sumer hat. Dort lebte auch Abraham, was wiederum zur Hypothese passt. Bibelgelehrte sehen in ihm den Ursprung der biblischen Kultur und befassen sich kaum mit der Frage, was davor war. Als gäbe es kein Vorher ... Aber das »Vorher« könnte unter diesen Umständen anunnakisch geprägt sein. Es sei denn, die Hebräer kamen aus Persien.

Die Taktik, die Menschen in Unwissenheit zu lassen und sich dazu der von ihm geschaffenen Kirche zu bedienen, ist Jahweh nicht so gelungen, wie er es sich gewünscht hatte. Die Kirche bezog sich zum einen offiziell immer noch auf seinen Erzfeind Jesus, wenn auch unter Verzerrungen und Verfälschungen. Zum anderen teilte sie sich in verschiedene Kirchen auf und zerfiel später in mehrere neue Gruppierungen, sodass das erwünschte Machtinstrument entschärft wurde. Deshalb unternahm Jahweh einen neuen Anlauf und etablierte eine neue Religion unter einer neuen Maske, in der er sich Allah nannte. Dafür sandte er einen seiner Archonten namens Gabriel,[11] um Mohammed zu seinem Propheten zu machen. Wie die islamische Überlieferung erzählt, hat Gabriel Mohammed nahezu *gefoltert*, bis dieser endlich bereit war,

10 Dieses Buch habe ich in verschiedenen Universitätsbibliotheken vergeblich gesucht und schließlich kaufen müssen. Die »Verbotene Hypothese« ist dort wohl nicht zugelassen ...

11 Es ist umstritten, ob dieser mit dem Erzengel Gabriel identisch ist.

den Qur'an zu schreiben. Mohammed war nämlich Analphabet, doch Gabriel brachte ihn mit Gewalt dazu, als eine Art Schreibmedium das auf Pergament zu bringen, was Gabriel ihm eingab. Nun besaß Jahweh/Allah eine Religion, die sich nicht auf Jesus berief und die viel strenger eine brutale Macht über die Menschen ausüben konnte. Außerdem konnte er nun die zwei Religionen – kirchliches »Christentum« und Islam – in machiavellischer Weise, im Sinne von »Teilen und Herrschen«, gegeneinander ausspielen.

Anton Parks erwähnt in seinem Buch *Eden – la vérité sur nos origines*, dass das sumerische Wort *shatam* »Administrator eines Gebietes« bedeuten würde. Enlil ist ja der Statthalter für die anunnakischen Interessen auf der Erde, und Parks setzt ihn als *shatam*, als Administrator, in Zusammenhang mit Satan. Im Hebräischen bedeutet *satan* »Gegner«, »Widersacher« oder »Ankläger«.

Wie die Bibel und andere Texte sagen, war Satan ein eitler und überheblicher Engel, der sich selbst als über Gott stehend betrachtete und deshalb die göttliche Lichtwelt verlassen musste, um in eine finstere Region zu gehen. Nach den gnostischen Texten entwich Jaldabaoth/Jahweh aus der Lichtwelt des Urschöpfers in die Finsternis hinab. Enlil sonderte sich mit den anderen Anunnaki von der Lichtwelt ab.

Diese Parallelen decken sich mit den Behauptungen in manchen Texten, dass Jahweh und Satan eigentlich ein und derselbe seien, sodass man Satan als ein verborgenes Gesicht des Jahweh verstehen könnte, denn der »überhebliche Engel« könnte sehr wohl der Jaldabaoth der Gnostischen Christen sein. Er hielt sich ja tatsächlich für besser als den höchsten Gott 'El 'Eljon.

Es drängt sich die Frage auf: Ist Satan mit dem entwichenen Jaldabaoth/Jahweh identisch – wie einige gnostische Texte andeuten könnten – oder ist er einer der Archonten? Als Archont wäre er immerhin mit Jahweh nahe verbunden. Der folgende intuitive Gedanke ist mir in den Sinn gekommen: Hier wird ein intrigantes Spiel gespielt. Satan erscheint als Widersacher des Jahweh für den machiavellischen Zweck von *divide et impera* – Teilen und Herrschen. Der Weg Jahwehs und der Satans würden daher am Ende beide ins Gleiche münden … In diesem Fall eine raffinierte Taktik mit einer »Wahlfreiheit«, die am Ende gar keine ist. Ist vielleicht das die Antwort? Dann ist der wahre Weg keiner der beiden, sondern sozusagen der Weg über ihre Köpfe hinweg …

Etwas besonders Besorgnis erregendes in der heutigen Welt ist der Aufstieg des Satanismus als eine »moderne Religion«. In der obersten Elite, die diese Welt steuert und kontrolliert, sind scheinbar alle Mitglieder in verschiedenen Orden freimaurerischer Art, die im Grunde satanistisch sind: Skull & Bones, Bilderberger, Illuminati, Rotary, Zionismus …

Angeblich existiert eine Konspiration für eine langsame Machtübernahme der Welt, wozu Namen wie Albert Pike, Giuseppe Mazzini, Leo Taxil und William Guy Carr zu erwähnen sind (mehr dazu später). Selbstverständlich wird mit verschiedenen Mitteln geleugnet, dass es diese Konspiration gibt, und bestimmte Schriften der erwähnten Personen, auf die man sich in diesem Zusammenhang bezieht, werden erwartungsgemäß als gefälscht oder erfunden bezeichnet. Unter den schriftlichen Aussagen des Albert Pike vom Ende des 19. Jahrhunderts findet sich sein Brief an Mazzini, der einen teuflischen Plan mit drei Weltkriegen beinhaltet. Zu diesem Plan gehört noch vor dem letzten Weltkrieg eine Islamisierung der Welt. Das Christentum soll durch den Islam ersetzt werden. Wenn das hinlänglich erreicht ist, soll der Islam durch den Satanismus ersetzt werden, oder es wird alternativ erklärt, dass die beiden eins sind. Der Islam steht dann für das Knechten des Volks, der Satanismus für die Macht der Elite.

> »Der Dritte Weltkrieg muss dadurch geschürt werden, dass man die Differenzen zwischen politischen Zionisten und den Führern der islamischen Welt ausnutzt, welche die ›Agentur‹ der ›Illuminati‹ verursacht. Der Krieg muss so geführt werden, dass der Islam … und der politische Zionismus … sich gegenseitig zerstören. Währenddem sollen die anderen Nationen … bis zur völligen physischen, moralischen, spirituellen und wirtschaftlichen Erschöpfung kämpfen … Dann werden die Bürger überall gezwungen sein, sich gegen die Weltminorität der Revolutionäre zu verteidigen und die Zerstörer der Zivilisation auszurotten, enttäuscht vom Christentum … besorgt um ein Ideal, aber ohne zu wissen, wen zu verehren, durch die universale Manifestation *der reinen Lehre des Luzifers* das wahre Licht erhalten, das endlich öffentlich zu erkennen sein wird.«
>
> (Albert Pike, 15.8.1871 –
> der umstrittene Brief an Mazzini)

Konnte Pike damals etwas von einem Dritten Weltkrieg wissen? Er hat immerhin Voraussagen über den Ersten und Zweiten Weltkrieg gemacht, die sich in bemerkenswerten Teilen erfüllt haben. Er soll in Kontakt mit einer Wesenheit gestanden haben, die ihn als »Geistführer« inspirierte.[12] Ein Anunnaku? Handelt es sich um einen langfristigen anunnakischen Plan? Gehört es zum Plan, Muslime in die Flucht zu treiben, um Europa zu destabilisieren?

Wer ist Satan, und wer ist Luzifer? Meiner Meinung nach werden hier absichtlich Begriffe verworren, damit die Menschen sie nicht leicht verstehen. Die meisten werden Satan und Luzifer wohl für ein und denselben halten. Wenn aber Enlil/Jahweh/Allah eigentlich Satan sein sollte, gibt es dann auch noch einen Luzifer? Vielleicht. Dies ist aber ein anderes Thema, das ich hier nicht ausführlicher beleuchten kann.

Eine denkbare Hypothese wäre eben eine absichtliche Begriffsverwirrung, um Luzifer und Satan nicht zu unterscheiden. Eine andere, dass Luzifer Enki ist.

Referenzen

- Jan Erik Sigdell: *Die Herrschaft der Anunnaki*, Amra Verlag, Hanau 2016; eine US-Ausgabe erschien 2017 bei Inner Traditions.
- Zecharia Sitchin: *The 12th Planet*, Avon Books, New York 1976. – Deutsche Ausgabe: *Der zwölfte Planet*, Droemer Knaur, München 1995, und Kopp Verlag, Rottenburg am Neckar 2008.
- *Enuma Elish* in: Alexander Heidel: *The Babylonian Genesis – The Story of the Creation*, The University of Chicago Press, Chicago ILL, Second Edition 1967. Als PDF-Datei erhältlich: https://oi.uchica-

12 Bei jener Wesenheit denkt man leicht an eine andere – oder die gleiche? –, die sich als Aiwass bezeichnete und den berüchtigten Schwarzmagier Aleister (Edward Alexander) Crowley, Sohn eines fundamentalistischen Predigers, beeinflusste. Crowleys Nachlass spielt in manchen heutigen freimaurerischen und satanistischen Kreisen eine bedeutende Rolle.

go.edu/sites/oi.uchicago.edu/files/uploads/shared/docs/misc_genesis.pdf.

- Wilfred George Lambert: *Babylonian Creation Myths*, Eisenbrauns, Winona Lake IN, 2013; http://www.pdfspath.net/get/3/enuma_elish.pdf und http://www.sacred-texts.com/ane/enuma.htm
- Wilfred George Lambert, Alan Ralph Millard: *Atra-Hasis – The Babylonian Story of the Flood*, At the Clarendon Press, Oxford 1969.
- Anton Parks: *Eden, la vérité sur nos origines*, Éditions Nouvelle Terre, L'Operec 2011. – Englische Ausgabe: *Eden – The Truth About Our Origins*, Pahana Books, Pantin (Frankreich) 2013.
- »Das Evangelium der Wahrheit«, in: Gerd Lüdemann, Martina Janssen, *Bibel der Häretiker*, Radius Verlag, Stuttgart 1997.
- Als PDF-Datei: http://www.gerd-albrecht.de/Die%20Gnostischen%20Schriften/Das%20Evangelium%20der%20Wahrheit.htm
- In Englisch: »The Gospel of Truth« auf http://www.gnosis.org/naghamm/got.html und http://www.gnosis.org/naghamm/gostruth.html http://www.gnosis.org/naghamm/got-barnstone.html.
- John Sassoon: *From Sumer to Jerusalem – The Forbidden Hypothesis*, Intellect, Oxford 1993.
- Nathaniel J. Merritt: *Jehovah Unmasked!*, Verlag und Jahr nicht erwähnt, nur noch antiquarisch zu finden. Herausgegeben von LuLu.com 2006. Eine andere Ausgabe von Moon Temple Press, Indio CA, 2005, ist ebenfalls vergriffen. Erhältlich bei Amazon zu Preisen bis Euro 800,- (Stand März 2017, Anfang 2015 sogar bis Euro 1000,- ... aber bei einigen anderen antiquarischen Anbietern für Euro 60,- bis 80,- zu haben). Zur Zeit des Schreibens als PDF-Datei erhältlich: http://thegodabovegod.com/wp-content/uploads/2016/12/Jehovah-Unmasked.pdf.
- Albert Pike: »Letter to Mazzini« auf http://www.conspiracyarchive.com/2015/01/10/albert-pike-to-mazzini-august-15-1871-three-world-wars.
- *Albert Pike, William Guy Carr und 3 Weltkriege:* http://new.euro-med.dk/20150520-albert-pike-william-guy-carr-und-3-weltkriege-wer-versucht-uns-einzuschuchtern.php
- *YHWH (Yahweh) and Satan (the Adversary):* http://assemblyoftrueisrael.com/Documents/YahwehandSatan.html

Entgleisung und Verdrehung der christlichen Botschaft

Aus diesem geschichtlichen Überblick wird ersichtlich, dass die große treibende Kraft hinter all dem, was geschehen ist, Enlil = Jaldabaoth = Jahweh ist. Er hat mit aller Macht für sich selbst und für die Anunnaki sein Leitschiff unentwegt und zielbewusst zwischen Scylla und Charybdis zur Weltherrschaft gesteuert, stets darauf bestrebt, auf seinem Weg alle Gegner zu vernichten. Er will die Menschen versklavend unterdrücken und verhindern, dass sie verbotene Wahrheiten erfahren und dass sie selbstständig denken und Dinge hinterfragen. Jesus wurde uns vom wahren Christus gesandt, um uns aufzuklären, und in altbekannter Weise wurde der Bote, der mit Nachrichten kam, die die Herrschaft gefährden könnten, umgebracht. Dann wurde die Botschaft verdreht und durch eine Scheinlehre ersetzt. Als diese Scheinlehre sich trotz aller Gewalt als ein immer stumpfer werdendes Machtinstrument erwies, wurde sie mit einer neuen »Offenbarung« ergänzt, nämlich mit dem Islam, welche die kirchliche Lehre allmählich verdrängen und ersetzen sollte. Zu allem Übel entblößte Jahweh in diversen Geheimgesellschaften auch noch sein wahres satanisches Gesicht, um einigen Menschen Macht und Erfolg dafür zu bieten, dass diese ihm ihre Seelen verkaufen und rücksichtslos seiner Macht dienen sollten. Nun wirken scheinwissende, aber in Wirklichkeit unwissende Satanisten immer mehr in der Welt, um Jahwehs Tyrannei zu vervollständigen. Zu diesem Zweck soll das nun überholte Machtinstrument des Scheinchristentums beseitigt werden, wozu die neue »Offenbarung« in blutrünstigem Kadavergehorsam genutzt wird, bis auch sie ihren »Dienst« getan hat und dann ebenfalls beseitigt wird, wenn der Satanismus in der ganzen Welt eine totalitäre Macht geworden ist.

Dennoch ist in diesen überaus finsteren Gefilden noch Licht verborgen, denn ohne Licht kann es kein Leben geben – aber auch das sollen wir nicht wissen. Dieses Licht ist in den meisten menschlichen Seelen in eine unbewusste Ecke verdrängt worden, und an seiner Stelle wird uns ein Scheinlicht vorgegaukelt. Das Gnostische Christentum besaß das wahre Licht, das mit den völkermörderischen Ausrottungsbemühungen in Verborgenheit gedrängt wurde. Es wird aber eines Tages unvermeidlich zum Vorschein kommen, denn die gnostischen Schriften wurden durch eine höhere Macht in die heutige Zeit hinübergerettet und ermöglichen ein Wiederauferstehen der wahren Lehre. Denn sollte dieses Licht eines Tages erlöschen, ist kein Leben mehr möglich.

Wer waren die Gnostischen Christen?

Es gab, wie bereits erwähnt, um Jesus herum offensichtlich *zwei* Kreise: 1) den äußeren Kreis von Menschen, die ihn reden hörten, und 2) den *inneren* Kreis, bestehend aus seinen Jüngern und ihm nahestehenden Personen.

Aus Joh 16,12 geht deutlich hervor, dass Jesus im *äußeren* Kreis nicht alles sagte, was er im *inneren* Kreis aber zweifellos besprach: »Ich habe euch noch viel zu sagen; aber ihr könnt es jetzt nicht tragen.«

Aus dem *inneren* Kreis entstand das Gnostische Christentum, das früher als das paulinische Christentum existierte. Wie es im gnostischen Text *Das Evangelium der Wahrheit* steht, wurde Jahweh wegen dem, was Jesus lehrte, zornig und ließ ihn ans Kreuz nageln. Aber warum war Jahweh so zornig auf ihn? Weil Jesus berichtet hatte, dass Jahweh nicht der wahre Gott ist und gemäß einem separat überlieferten gnostischen Text namens *Pistis Sophia* sogar erklärte, wie wir von Jahwehs Einfluss befreit werden können.

Jahweh erwartete nach Jesu Kreuzigung, dass dessen Lehren allmählich in Vergessenheit geraten würden, doch das Gegenteil geschah. Jesu Opfer verlieh den Gnostischen Christen mehr Kraft, und seine Lehren wurden durch sie weitergetragen (auch wenn mit der Zeit etwas unterschiedliche Richtungen innerhalb der Gnostiker entstanden). Deshalb bestand Jahwehs neue Strategie darin, das ursprüngliche Christentum durch ein neues zu ersetzen, das allein seinen Zwecken dienen sollte. Er brachte darum Paulus dazu, eine Art »Christentum light« zu errichten, das die tieferen Wahrheiten des Gnostischen Christentums und die Belehrungen Jesu im inneren Kreis nicht enthält, sondern das ausschließlich das vermittelt, was Jahweh uns glauben lassen will.

Auf diese Weise wurde das ursprüngliche Christentum allmählich durch das paulinische Christentum ersetzt.

Jahweh manipulierte später Konstantin dahingehend, im Konzil von Nizäa im Jahre 325 das Gnostische Christentum zu verwerfen. In diesem Konzil wurde das paulinische Christentum als Basis für die sich nachher entwickelnde Kirche etabliert.

In der Apostelgeschichte wird im Kapitel 9,4-6 über die Bekehrung des Paulus berichtet:

> »… und er fiel auf die Erde und hörte eine Stimme, die sprach zu ihm: Saul, Saul, was verfolgst du mich? Er aber sprach: HERR, wer bist du? Der HERR sprach: Ich bin Jesus, den du verfolgst. Es wird dir schwer werden, wider den Stachel zu lecken. Und er sprach mit Zittern und Zagen: HERR, was willst du, dass ich tun soll? Der HERR sprach zu ihm: Stehe auf und gehe in die Stadt; da wird man dir sagen, was du tun sollst.«

Kam das wirklich von Jesus, oder kam es nicht eher von Jahweh, der sich als Jesus ausgab? Vergleichen wir dies zunächst einmal mit einer anderen »Inspiration«. Es wird erzählt, dass Konstantin eine Vision hatte (einige Quellen sprechen von einem Traum), in der er ein Kreuz sah und die Worte vernahm: »In diesem Zeichen wirst du siegen.« Daraufhin ließ er das Kreuz auf die Schilder seiner Soldaten malen und gewann fortan seine Kriege. Kam das wirklich von Jesus? Jesus lehrte uns doch »Du sollst nicht töten«, »Liebet eure Feinde« und »Wer das Schwert nimmt, der soll durchs Schwert umkommen«, was in krassem Widerspruch zur Vision Konstantins steht. Jesus hätte Konstantin zum Frieden und zur Versöhnung mit seinen Feinden aufgefordert! Deshalb kann diese Vision nicht von Jesus gekommen sein. Kam sie von Jahweh, der eine *scheinbar* christliche Kirche als Werkzeug haben wollte – um damit Menschen zu manipulieren und zu kontrollieren? Wenn das so sein sollte, ergeben sich auch Zweifel an der Vision des Paulus …

So mag man im gleichen Sinne fragen, wer es wirklich war, der in Luk 4,1-13 Jesus versuchte. »Jesus aber, voll Heiligen Geistes, kehrte vom Jordan zurück und wurde vom Geist in die Wüste geführt und 40 Tage vom Teufel versucht …« War es vielleicht Jahweh – im Versuch, Jesus von dessen Mission abzubringen?

Da das Christentum nun etabliert war und Jahweh es nicht ausrotten konnte, griff er zur Strategie, es zu infiltrieren und umzuwandeln, um daraus etwas zu machen, das seinen Interessen diente.

Das Gnostische Christentum, das übrigens auch über die Reinkarnation Bescheid wusste und sie lehrte, verschwand jedoch nicht ganz. Einige Gnostiker blieben noch im Balkan, etwa dort, wo heute Bulgarien ist, und breiteten sich später nach Südfrankreich aus, wo die Katharergemeinschaft entstand. Die Katharer (»die Reinen«) folgten Jesu Lehre so gründlich, dass sie Vegetarier waren und nicht einmal ein Tier töteten – eben: »Du sollst nicht töten!« Sie waren meiner Meinung nach die christlichsten Menschen, die es seit Jesu Jüngern gegeben hat. Auch sie kannten die Geheimnisse der Reinkarnation und lehrten diese. Was die Reinkarnation betrifft, wäre es gut denkbar, dass sie auch zu den Dingen gehörte, die in Joh 16,12 angedeutet wurden. »Ich habe euch noch viel zu sagen; aber ihr könnt es jetzt nicht tragen.« Im 13. Jahrhundert wurde die Gemeinschaft der Katharer in einem Völkermord von der Kirche völlig ausgerottet, es war ein regelrechter Holocaust, mit dem sie vernichtet wurde! Dies war eine *extrem unchristliche* Handlung und eine der größten Sünden und Schanden der Kirche – neben der Inquisition, die so unsagbar grausam war, wie es Jahweh gefallen haben dürfte, den nicht minder grausamen Kreuzzügen und der Anstiftung von Kriegen.

Die gnostischen Texte wurden in dem Bestreben zerstört, diese Bewegung und all ihr Wissen zu vernichten. Glücklicherweise wurden sehr viele davon in Nag Hammadi in Ägypten im Jahre 1945 wiedergefunden, sodass wir heute wieder Zugang zum größeren Teil dieses Schatzes äußerst wichtiger Information haben. Ist das nach dem Willen des Urschöpfers geschehen, um die Wahrheit in die heutige Zeit herüber zu retten?

Was das Gnostische Christentum betrifft, gibt es zwei Schulen der heutigen theologischen Wertung (nach der *Theologischen Realenzyklopädie*):

- Die herkömmliche deutsche Schule geht davon aus, dass das Gnostische Christentum aus einer vorchristlichen Gnosis entstanden und deshalb nicht wirklich christlich ist.
- Die angelsächsische und französische Schule hält hingegen die Behauptung von einem Ursprung in einer vorchristlichen Gnosis für subjektiv und spekulativ, da dies *nicht nachgewiesen* ist. Die Position dieser Schule ist, *dass keiner der Texte die Annahme einer vorchristlichen Gnosis erlaubt, und auch keine Vorstufen einer solchen.*

Die deutsche Haltung hat sich besonders durch bahnbrechende kritische Arbeiten von Carsten Colpe der angelsächsischen und französischen Schule angenähert. Man kann von einer eingeschränkten versteckten Sympathie der modernen Theologen für das Gnostische Christentum sprechen. Dass die christlichen Gnostiker keine echten Christen waren, kann heute so nicht mehr aufrechterhalten werden.

Merkmale des Gnostischen Christentums

- Ein radikaler Dualismus, der diese Welt als böse betrachtet und unter der Herrschaft feindlicher Mächte sieht.
- Eine Unterscheidung zwischen dem unbekannten, transzendenten und wahren Gott und dem Demiurgen oder Schöpfer *dieser* Welt (Jahweh).
- Der Mensch ist seiner wahren Natur nach dem Göttlichen wesenhaft gleich.
- Der Glaube an einen Mythos von einem vorweltlichen Fall, der den gegenwärtigen Zustand des Menschen erklärt.
- Durch die Gnosis erlangt der Mensch auf dem Weg der Einsicht in seine wahre Natur und seinen himmlischen Ursprung die Befreiung.

Letzteres, die Befreiung, hat übrigens nichts mit der in der kirchlichen Theologie verpönten »Selbsterlösung« zu tun, eine Anschauung, die man manchen – unter anderem gewissen esoterischen – Strömungen zuschreibt. Denn eine wirkliche Selbsterlösung kann es gar nicht geben. Wahre Erlösung kann nur auf einem Weg erreicht werden, und das ist der, den der höchste Gott dafür eingerichtet hat. Wie sonst sollte es eine *Erlösung* sein können?

Betrachten wir dazu einmal die Bedeutung des Begriffs »gnostisch«. Das Wort »gnostisch« kommt vom griechischen Wort *gnorízo,* das »erkennen, wissen« bedeutet. Sprechen wir von »Gnostischen Christen«, bedeutet dies also wörtlich »wissende Christen«. Demgegenüber kommt man leicht in Versuchung, andere Glaubensgemeinschaften etwa als »unwissende Christen« aufzufassen (oder mit einem modernen Begriff fast als ein »Christentum light«) ...

Die paulinische Lehre wird nicht nur eine persönliche Abwandlung von Jesu Lehre sein, sondern sich auch ausschließlich auf den *äußeren* Kreis um Jesus beziehen, in dem er manche Dinge nicht erwähnte. Vgl. »Noch vieles habe ich euch zu sagen, aber ihr könnt es jetzt nicht tragen« (Joh 16,12). Lange bevor Paulus mit seiner Verkündung begann, setzte eine christliche Bewegung an, die allmählich groß und stark werden sollte: das Gnostische Christentum. Dieses *Urchristentum* wird sich eher auf den *inneren* Kreis bezogen haben, wovon die erst im 20. Jahrhundert wiedergefundenen gnostischen Schriften zeugen. Somit hatten die Gnostischen Christen von vielen Dingen Kenntnis, die Jesus nicht öffentlich erwähnte, die er aber sehr wohl seinen Jüngern sagte.

Zusammenfassende Hypothese über Jesu Mission und die Gnostischen Christen

- Jesus ist nicht Christus, sondern ein von Christus gesandter Botschafter.
- Es gibt effektiv *zwei Jesusse* und *zwei Christusse*: die wahren und die durch Jahwehs Manipulation von der Kirche aufgestellten, die aber gefälscht sind.
- Jesus gab seine Mission an seine Jünger weiter, damit diese sie in die Welt bringen konnten. Dadurch entstand

das Gnostische Christentum, das erste und ursprüngliche Christentum. Zu dessen Lehre gehörte, dass Jahweh ein falscher Gott ist.

- Das erweckte in Jahweh Wut und Hass, weshalb er Jesus in der Hoffnung ermorden ließ, dass dessen Lehren bald wieder vergessen sein würden. Aber das geschah nicht. Sie wurden von den Gnostischen Christen weitergetragen. Um das Gnostische Christentum zu ersetzen, ließ Jahweh durch Paulus ein abgeändertes Christentum errichten, das seinen Interessen diente und weiterhin dient.
- Jahweh wollte die Gnostiker und ihr Wissen auslöschen. Zu diesem Zweck verwendete er Konstantin, der eine auf das paulinische Pseudo-Christentum basierte Kirche errichtete und den Gnostizismus zur Häresie erklärte.
- Die gnostischen Texte wurden zerstört, aber eine wichtige Sammlung wurde versteckt und in Nag Hammadi in Ägypten Mitte des 20. Jahrhunderts entdeckt. Das wird kein Zufall sein, sondern zu einem höheren Plan gehören, damit später die ursprünglichen Lehren (größtenteils) wiedergestellt werden konnten.

Jesus contra Jahweh

Jesus hat gemäß Joh 8,36-45 eine ziemlich deutliche Aussage darüber gemacht, dass sein »Vater« nicht Jahweh ist:

36. Wird euch nun der Sohn frei machen, so seid ihr wirklich frei.
37. Ich weiß, dass ihr Abrahams Same seid; aber ihr suchet

mich zu töten, denn mein Wort findet keinen Raum in euch.

38. Ich rede, was ich bei meinem Vater gesehen habe; so tut auch ihr, was ihr von eurem Vater gehört habt.

39. Sie antworteten und sprachen zu ihm: Unser Vater ist Abraham! Jesus spricht zu ihnen: Wäret ihr Abrahams Kinder, so tätet ihr Abrahams Werke.

40. Nun aber suchet ihr mich zu töten, einen Menschen, der euch die Wahrheit gesagt hat, welche ich von Gott gehört habe; das hat Abraham nicht getan.

41. Ihr tut die Werke eures Vaters. Da sprachen sie zu ihm: Wir sind nicht unehelich geboren, wir haben einen Vater, Gott!

42. Da sprach Jesus zu ihnen: Wäre Gott euer Vater, so würdet ihr mich lieben, denn ich bin von Gott ausgegangen und gekommen; denn nicht von mir selbst bin ich gekommen, sondern er hat mich gesandt.

43. Warum versteht ihr meine Rede nicht? Denn ihr könnt ja mein Wort nicht hören!

44. Ihr seid von dem Vater, dem Teufel, und was euer Vater begehrt, wollt ihr tun; der war ein Menschenmörder von Anfang an und ist nicht bestanden in der Wahrheit, denn Wahrheit ist nicht in ihm. Wenn er die Lüge redet, so redet er aus seinem Eigenen, denn er ist ein Lügner und der Vater derselben.

45. Weil aber ich die Wahrheit sage, glaubet ihr mir nicht.

Wenn Jesus von seinem »Vater« spricht, meint er jemand höheren als Jahweh, er spricht dann vom höchsten Schöpfer. Bedauerlicherweise gelang es Jesus aber nicht, die Macht des Jahweh zu brechen. Er konnte die Menschheit nicht von dessen Herrschaft befreien, vielmehr verschlimmerte sich die Situation der Menschen später sogar. Jahwehs Macht und Einfluss wurden stärker. Christus mag in diesem Zusammenhang den gleichen Eindruck wie Jesus erwecken.

Haben Jesus und Christus dann eigentlich Jahweh gedient und nicht dem »Vater«, von dem Jesus sprach? Oder haben sie versagt? Oder geht es um einen Prozess, der nach menschlichen Maßstäben eine sehr, sehr lange Zeit braucht, um sich zu entfalten? Um einen Prozess, der immer noch im Gange ist und nun in seine letzte Phase eintritt?

Wer ist der wahre Urschöpfer?

Der wahre Urschöpfer kann nur derjenige sein, der von den Kana'anäern 'El 'Eljon genannt wurde. Zum »Gelobten Land« gehörte zu einem wesentlichen Teil das Land Kana'an, das von Menschen bewohnt war, die hauptsächlich durch mesopotamische Quellen die Wahrheit über Jahweh kannten. Die moderne religionsgeschichtliche Forschung hat dies anhand von Ausgrabungsbefunden bewiesen, wie bereits oben beschrieben wurde. Auch wenn Enlil = Jahweh selbst mit jenen Quellen verbunden war, wollte er, dass diese Wahrheit den Menschen verheimlicht bleiben sollte, damit er sich selbst als »Urgott« darstellen konnte. Das wird der Grund gewesen sein, weshalb die nach Kana'an geführten Hebräer in seinem Auftrag die dort lebenden Menschen vernichten sollten.

Zwar waren die Hebräer bereits lange vorher aus der Stadt Ur in Chaldäa in das Land Kana'an geführt worden (1. Mose

11,28-31: »Und Terach nahm seinen Sohn Abram, dazu Lot, den Sohn Harans, seinen Enkel, auch Sarai, seine Schwiegertochter, die Frau seines Sohnes Abram, und sie zogen miteinander aus von Ur in Chaldäa, um ins Land Kana'an zu gehen.«), wo sie offensichtlich mesopotamisches Wissen bewahrten. Später wurden sie wegen einer Hungersnot von dort nach Ägypten weitergeführt (1. Mose 12,10: » Da aber eine Hungersnot im Land herrschte, zog Abram nach Ägypten hinab, um sich dort aufzuhalten; denn die Hungersnot lastete schwer auf dem Land.«). Dort wurden sie mit der Zeit wie zweitrangige Menschen behandelt, und Jahweh nutzte ihre Not, um sie viel später »zur Rettung« nach Kana'an zurückzuführen. Hatte er das Ganze inszeniert, um das alte Wissen in dieser Weise als eine »Volksgehirnwäsche« auszumerzen?

Und wer ist der Antichrist?

Das Wort Antichrist bezeichnet etwas unspezifisch jemanden, der gegen Christus und seinen Botschafter Jesus ist. Man könnte ihn eigentlich auch Anti-Jesus benennen. Nach den in diesem Buch vorgestellten Erläuterungen, ist der Hauptkandidat für den Antichristen Jahweh …

Zusammenfassung der Geschichte des Christentums

- Der Anunnaku Enlil usurpierte sich zum »Gott« der Menschheit und nannte sich Jahweh (»Er, der ist«).

- Zu diesem Zweck hat Jahweh das Wissen über den wahren Gott und den Ursprung der Menschheit gewaltsam unterdrückt und verboten.
- Die hohe Christuswesenheit der Urschöpfung hat dann einen Botschafter inkarnieren lassen, dem der Name Jesus gegeben wurde. Dieser sollte die Menschheit über die wahren Verhältnisse aufklären.
- Jahweh hat Jesus grausam umbringen lassen, um diese Botschaft zu unterdrücken. Man kann darin auch ein Blutopfer an Jahweh sehen …
- Die Unterdrückung der Botschaft ist ihm nicht gelungen, und das Gnostische Christentum verbreitete sich.
- Zunächst inspirierte er darum Saulus dazu, gegen die Gnostischen Christen zu kämpfen.
- Da das nicht sehr erfolgreich war, brachte er Saulus dazu, sich zu Paulus zu bekehren, um später ein falsches Christentum als »Gegenlehre« zum Gnostischen Christentum zu etablieren.
- Dann unterdrückte er das Gnostische Christentum und ersetzte es durch das paulinische Scheinchristentum.
- Aus dem paulinischen »Christentum« entstand die Kirche, die das Römische Reich als scharfes Machtmittel ergänzte und dieses später in einem gewissen Sinne ersetzte (durch den Vatikan).
- Mit der Zeit spaltete sich das kirchliche »Christentum« in verschiedene Zweige, in denen zum Teil auch Fragmente des ursprünglichen Christentums hervorkamen.
- Dadurch wurde das Machtmittel der Kirche zunehmend entschärft.
- Darum gründete Jahweh eine neue Religion, die seine

Macht brutal und rücksichtslos ausüben sollte. In dieser Religion bezeichnet er sich als Allah (»*Der* Gott«).

- Diese Religion, der Islam, sollte das bereits schon vom Ursprung entfernte »Christentum« beseitigen.
- Jahwehs wahres Gesicht blieb verborgen und wurde nur in geheimen Kreisen (in bestimmten Sekten und in Logen freimaurerischer Art) entblößt, woraus der heute anwachsende Satanismus entstand.
- Dieser Satanismus soll später die neue Religion brutal ersetzen, wenn der Islam seinen Zweck erfüllt hat, das Christentum zu vernichten und so seinen Dienst getan hat.
- Als Gegenbewegung bewahrte der Urschöpfer das Wissen des Gnostischen Christentums für eine später zu kommende aufgeklärte Nachwelt auf, indem er dessen wesentliche Schriften heimlich in Ägypten verbarg und vor Zerstörung rettete. Dieses Schrifttum steht heute wieder zur Verfügung und kann nun die Grundlage eines wiederauferstandenen wahren Christentums werden und so zu einer Reinkarnation der Wahrheit werden.

Ist die Bibel gefälscht?

Es wird immer wieder behauptet, dass die Bibel gefälscht worden sei. Die heute noch erhaltenen Texte in der Originalsprache, die als Vorlagen für Übersetzungen dienten, scheinen jedoch mit den ältesten bekannten Texten gut übereinzustimmen. Eine Manipulation hat jedoch stattgefunden, und zwar in zweifacher Weise. Erstens bestehen die Texte der heutigen Bibelversion aus einer gezielten Auswahl aus einer sehr großen Anzahl von ebenfalls relevanten alten Texten. Die meisten dieser Texte wurden und werden weiterhin der Öffentlichkeit vorenthalten. Darunter sind auch Texte, deren Gedankengut dem von gnostischen Texten nicht weit entfernt ist. Zweitens hat eine Manipulation bei Übersetzungen in moderne Sprachen stattgefunden. Sehr viele Bibelstellen wurden nach dogmatischer Vorlage so übersetzt, wie man sie verstanden haben will. Es wird unterschlagen, dass sie in vielen Fällen auch anders übersetzt werden könnten und so eine andere Deutung erlauben, als die vorgeschriebene.

Sind die fundamentalistischen Bewegungen nicht mit dem Gnostizismus vergleichbar?

Die christlichen Bewegungen, die sich als fundamentalistisch bezeichnen, sind mit den Gnostikern nur in der Art vergleichbar, wie sie mit Bibeltexten umgehen. Für sie gilt jedes Wort, ja jeder Buchstabe in der Bibel, genauso wie diese dort stehen. Dabei gehen diese Gruppen aber automatisch von den manipulierten Übersetzungen aus und wiederholen diese. Eine grundlegende linguistische Interpretation findet nicht statt, die fundamentalistischen Christen berücksichtigen also keine alternativen Übersetzungsmöglichkeiten, die zu einem neuen Verständnis von Bibelstellen führen könnten. Sie beziehen auch die zahlreichen alten Texte, die nicht für eine Aufnahme in der Bibel ausgewählt wurden, nicht in ihren Glauben ein. Solche Texte gelten für sie als häretisch, und man lässt kein

Umdenken zu. Daher sind fundamentalistische Bewegungen vom gnostischen Urchristentum weit entfernt.

Zwei Beispiele für Entgleisung in fundamentalistischen Sekten

Ich hatte in den 1980ern ein paar Kurse in Reinkarnation und Rückführung in einem Seminarhaus an der schwedischen Westküste in einer Region, in der es viele sogenannte Pfingstler gibt. Diese fanden es ungeheuerlich, was die Besitzerin des Seminarhauses dort alles veranstaltete. Es ging um sogenannte »esoterische« Themen, die man in der fundamentalistischen Gemeinde für sündhaft und des Teufels hielt. Deshalb hielten sie in ihren Versammlungen Fürbittengebete gegen das Seminarhaus und seine Besitzerin, in der Absicht, dass das »Treiben« dort aufhören solle. Mit der Zeit wurde diese Frau krank. Sie musste das Seminarhaus aufgeben und von dort wegziehen.

Eine andere Geschichte wurde mir von einer Schwedin erzählt, die ich einmal kennenlernte. Sie sah schon als Kind Seelen Verstorbener und Wesenheiten und hatte Angst davor. Mit der Zeit verstand sie aber, dass diese meistens ihre Hilfe suchten und zu ihr kamen, weil sie merkten, dass sie durch sie wahrgenommen wurden.

Manche Seelen Verstorbener fühlen sich verwirrt und verloren und wissen nicht, wie es für sie weitergehen soll. Sie erkennen noch nicht, dass sie in eine andere Dimension gehen sollen, die man Lichtwelt nennt, weil diese hell und lichtvoll ist. Menschen, die mit solchen Fällen einigermaßen vertraut sind, können solchen Seelen helfen, den Weg ins Licht zu finden. Das ist es, was diese Frau später tat, als sie erwachsener wurde und dies verstand.

Sie erzählte, dass sie einmal bei einem Ehepaar eingeladen war, wo sie die Anwesenheit einer unangenehmen Energie fühlte und das Ehepaar darauf ansprach. Sie fingen dann an zu weinen und erzählten, dass sie eine sehr starke Freundschaft mit einem anderen Ehepaar gehabt hatten, die abgebrochen werden musste. Das andere Paar hatte sich nämlich der Gruppe der Jehovas Zeugen angeschlossen, und Mitglieder dieser Sekte dürfen privat nicht mit Menschen verkehren, die nicht ebenfalls Mitglieder sind (beruflich ist das natürlich notwendig, aber nicht in der Privatsphäre). Sie sagten dann zum erstgenannten Ehepaar: »Schließt euch auch unserer Gemeinde an, sodass wir die Freundschaft aufrechterhalten können.« Aber das wollten sie nicht.

Später erfuhr das Ehepaar aber, dass man bei den Zeugen Fürbittengebete gehalten hatte. Daraus entstand eine Wesenheit – sagte die Frau, die es mir berichtete. Nach meiner Meinung wurde eher eine Wesenheit durch diese Gebete angezogen und dorthin geschickt. Sie war es also, welche die Frau als eine negative Energie wahrnahm. Sie sagte: »Ich werde mich darum kümmern, macht euch keine Sorgen«, und hatte nachher im Innenhof des Hauses, in dem sie wohnte, eine intensive Auseinandersetzung mit dieser Wesenheit. »Da hatte ich mich fast übernommen und es dauerte ein paar Stunden, bis die Wesenheit aufgab und wegging.«

Was ist in diesen Fällen geschehen? Fürbittengebete darf man natürlich nur mit dem Einverständnis der betroffenen Person halten, zum Beispiel zur Hilfe bei Krankheit oder in

Not. Sonst können sie zu einer Art spiritueller Gewaltausübung werden. Und fehlt es, wie in diesen Fällen, an nötigem Wissen und vor allem an Liebe, die in der wahren christlichen Lehre zentral ist, können sie auch mit negativen Gefühlen vermischt werden, und die Auswirkung kann dann effektiv wie schwarze Magie sein! Unwissenheit und Naivität werden so zu einer Gefahr. Man spielt dann schnell mit einem »geistigen Feuer« und kann unter Umständen Übles verursachen.

Das letzte Beispiel der Frau, die sich um verwirrte Seelen kümmert, illustriert auch die bedauernswerte Tatsache, dass in unserer kirchenchristlichen Welt (und wohl nicht weniger im Islam) viele Menschen *unvorbereitet sterben!* Es fehlt an Wissen darüber, was der Tod ist und wie es nach ihm weitergeht. Die meisten Seelen verstehen eher von selbst, dass sie lichtwärts gehen sollen, oder sie werden dorthin begleitet. Wären sie aber schon vor dem Tod entsprechend aufgeklärt, gäbe es sicher viel weniger hilfesuchende Seelen. Im gnostischen Christentum ist das anders, da das Wissen über den Tod und wie es danach weitergeht, dort bekannt ist.

Referenzen

- »Das Evangelium der Wahrheit«, in: Gerd Lüdemann, Martina Janßen: *Bibel der Häretiker*, Radius Verlag, Stuttgart 1997.
- Als PDF-Datei: http://www.gerd-albrecht.de/Die%20Gnostischen%20Schriften/Das%20Evangelium%20der%20Wahrheit.htm.
- In Englisch: »The Gospel of Truth« auf http://www.gnosis.org/naghamm/got.html und http://www.gnosis.org/naghamm/gostruth.html und http://www.gnosis.org/naghamm/got-barnstone.html.

- *Koptisch-Gnostische Schriften, Bd. 1, Die Pistis Sophia,* hrsg. von Carl Schmidt, Akademie-Verlag, Berlin 1981 (Nachdruck der Ausgabe der J.C. Hinrichs'sche Buchhandlung, Leipzig 1905), Kapitel 30-32 und 102.
- In Englisch: https://archive.org/details/pistissophia003016mbp und https://archive.org/details/pistissophia00mead.
- *Theologische Realenzyklopädie, Bd. V,* Walter der Gruyter, Berlin 1980, S. 67-79.

Albert Pike und die geheime Verschwörung

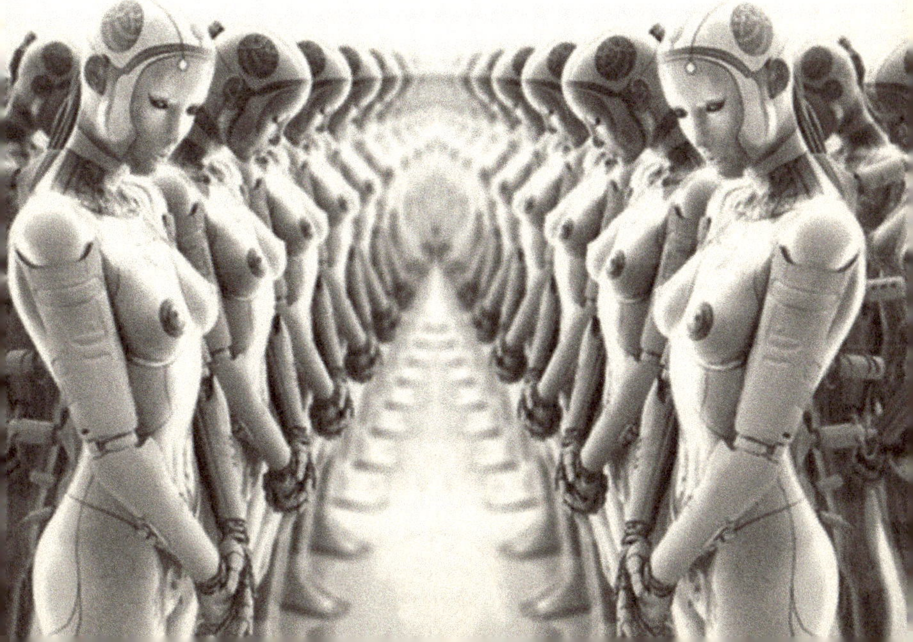

Im Kapitel *Die Herrschaft der Anunnaki* wurde ein Zitat von Albert Pike auszugsweise wiedergegeben. Hier folgt es nun vollständig:

»Der Erste Weltkrieg muss geschürt werden, um den Illuminati die Gelegenheit zu geben, die Macht der Zaren von Russland zu besiegen und das Land zu einer Festung des atheistischen Kommunismus zu machen. Die Auseinandersetzungen zwischen dem britischen und dem deutschen Kaiserreich, die durch die ›Agentur‹ der Illuminati verursacht werden, werden dann dazu gebraucht, diesen Krieg zu schüren. Am Ende des Krieges wird der Kommunismus aufgebaut und dazu verwendet, andere Regierungen zu zerstören und die Religionen zu schwächen.

Der Zweite Weltkrieg soll dadurch geschürt werden, dass man die Auseinandersetzungen zwischen den Faschisten und den politischen Zionisten benutzt. Dieser Krieg muss zustande kommen, damit der Nazismus zerstört und der politische Zionismus genügend gestärkt wird, um in Palästina einen selbstständigen Staat Israel zu gründen. Durch den Zweiten Weltkrieg muss der internationale Kommunismus stark genug werden, um als Gegenmacht zum Christentum zu dienen, sodass dieses eingeschränkt und in Schach gehalten wird, bis die Zeit kommt, wenn wir es für den endgültigen sozialen Zusammenbruch brauchen.

Der Dritte Weltkrieg muss dadurch geschürt werden, dass man die Differenzen zwischen politischen Zionisten und den Führern der islamischen Welt ausnutzt, welche die ›Agentur‹ der ›Illuminati‹ verursacht. Der Krieg muss so geführt werden, dass der Islam (die muslimische arabische Welt) und der politische Zionismus (der Staat Israel) sich gegenseitig zerstören [vgl. Machiavellis *divide et impera*]. Währenddem sollen die anderen Nationen, die in dieser Sache erneut gespalten sein werden, so eingeschränkt werden, dass sie bis zur völligen physischen, moralischen, spirituellen und wirtschaftlichen Erschöpfung kämpfen ... Wir werden die Nihilisten und die Atheisten auf sie loslassen und *einen regelrechten sozialen Zusammenbruch* auslösen, der mit seinem ganzen Horror den Nationen deutlich die Auswirkung des absoluten Atheismus zeigt, woraus Brutalität und der blutigste Aufruhr entstehen. Dann werden die Bürger überall gezwungen sein, sich gegen die Weltminorität der Revolutionäre zu verteidigen und die Zerstörer der Zivilisation ausrotten, enttäuscht vom Christentum, dessen deistische Geister von dem Moment an ohne Richtung und Führung sein werden, besorgt um ein Ideal, aber ohne zu wissen, wen zu verehren. Sie werden durch die universale Manifestation *der reinen Lehre des Luzifers* das wahre Licht erhalten, das endlich öffentlich zu erkennen sein wird. Diese Manifestation wird sich aus der allgemeinen reaktionären Bewegung ergeben, die auf Zerstörung des Christentums und des Atheismus folgt, beide gleichzeitig besiegt und vernichtet.«

Albert Pike, 15. August 1871 (Brief an Mazzini)

Wer war dieser Albert Pike? Er war Anwalt, Soldat, Schriftsteller und Freimaurer, geboren 1809 in Boston, Massachusetts. 1840 wurde er Mitglied von *Odd Fellows* und kurz darauf Freimaurer, und er machte bei den Letzteren eine außergewöhnliche Karriere. 1859 wurde Pike zum »Sovereign Grand Commander of the Scottish Rite's Southern Jurisdiction« ernannt. Er starb 1891 (und es ist unbekannt, in welcher Hölle er jetzt geröstet wird). 1871 veröffentlichte er sein Buch *Morals and Dogma of the Ancient and Accepted Scottish Rite of Freemasonry*. Er wird allgemein für einen Satanisten und Zionisten gehalten.

Das oben stehende Zitat aus einem angeblichen Brief von Pike an Mazzini ist umstritten. Manche halten diesen Brief für eine Fälschung. Es wird einerseits behauptet, dass er einmal im British Museum zu sehen und dort katalogisiert gewesen sei, andere bestreiten das. Aber wir können zunächst festhalten:

- Sollte es diesen Brief gegeben haben, und sollte tatsächlich ein solcher Geheimplan existieren, wird man in entsprechenden Kreisen selbstverständlich mit allen Mitteln diese Tatsache und damit die Existenz dieses Briefes bestreiten wollen.
- Das angebliche Zitat stimmt derart mit dem Weltgeschehen bis zum heutigen Tag überein, dass dies wohl kein Zufall sein kann.
- Denn woher hätte der damalige Fälscher sonst solche sich heute als zutreffend erwiesene Informationen gehabt?

Mit diesem Brief ist es ähnlich wie mit den berüchtigten *Protokollen der Weisen von Zion* (genauer gesagt *Die Zionistischen Protokolle* und *Die 24 Protokolle der Weisen von Zion*). Man versucht, seitdem sie bekannt sind, diese ständig in unterschiedlicher Weise als Erfindung oder Fälschung zu »entlarven«, obwohl das Weltgeschehen sie bis zum heutigen Tag immer mehr bestätigt. Die Bemühungen darum, den Brief von Pike an Mazzini als Fälschung darzustellen, erwecken den Eindruck, dass man etwas vertuschen will, was in der heutigen Zeit einen Widerspruch erregt …

Nun gibt es allerdings einige Indizien dafür, dass Leo Taxil alias Dr. Bataille, (dessen wirklicher Name Marie Joseph Gabriel Antoine Jogand-Pagès war) in seinem 1896 erschienenen Buch *Le Diable au XIXe Siècle* Pläne dieser Art mit Hinweis auf Pike als einen »Hoax«, also einen üblen Scherz, abtat. Er verfolgte damit die Absicht, das Freimaurertum als absurd darzustellen (*The Confession of Leo Taxil*). Dennoch ist es bemerkenswert, dass (wie erwähnt) einiges in Pikes Text mit dem tatsächlichen Geschehen in der Welt übereinstimmt oder es zumindest erklärt. Taxil wäre in der Geschichte nicht der Einzige, der seine eigene Arbeit später als »Hoax« darstellt, um sich so gegen Kritiker, Angriffe und vielleicht auch gegen Drohungen zu schützen … Und es handelt sich hierbei um eine jahrelange Arbeit, die unter anderem darin bestand, ein 1.800 Seiten umfassendes Buch (eben *Le Diable au XIXe Siècle* in zwei Bänden) als eine äußerst wortreiche Kritik an der Freimaurerei zu schreiben. So viel Aufwand nur als Scherz? Kann es sein, dass er zu einer Abstandnahme von der eigenen Arbeit genötigt wurde? Auch von kirchlichen Kreisen her (vgl. die erwähnte *Confession*)?

Dass das »Geständnis« des Taxil nicht sehr ernst zu nehmen ist, wird in einem Artikel *The Masonic Fairy Tale Known As The Leo Taxil Confession* besprochen.

Später hat William Guy Carr in seinem Buch *Satan, Prince of This World* (1966) mit Hinweisen auf Pike ausführlich über satanistische Illuminatenpläne für den Dritten Weltkrieg geschrieben. Eine aufwändige Diskussion zu diesem Thema ist auf einer Webseite zu lesen: *Albert Pike to Mazzini, August 15, 1871: Three World Wars?*[13] Manche Widerlegungsversuche werden zu indirekten Bestätigungen – je mehr sie zu widerlegen versuchen und mit umso mehr Aufwand sie betrieben werden, desto zweifelhafter mögen sie erscheinen, und sie können dann eher das als glaubwürdig erscheinen lassen, was man widerlegen will.

In dem Dokumentarvideo *We Control Islam and We'll Use It to Destroy the West* wird die Aussage im (»angeblichen«) Brief von Pike an Mazzini mit dem Geschehen in der heutigen Welt wie folgt aktualisierend ergänzt:

> »Albert Pike hat offen gesagt, dass der Islam die zentrale Komponente in einem Krieg gegen den Westen sein wird und dass die Illuminati den Islam zur offenen Konfrontation mit dem Westen führen werden. Wir haben bereits gesehen, was die Neue Weltordnung mit dem Islam getan hat, und das ist, eine Krise zu erzeugen und zu sehen, wie Angriffe auf Brüssel und Paris stattfinden. Das ist alles geplant und bereitet den Boden für den Dritten Welt-

13 http://www.conspiracyarchive.com/2015/01/10/albert-pike-to-mazzini-august-15-1871-three-world-wars/

krieg, ebenso wie sie den Ersten und Zweiten Weltkrieg inszenierten. Sobald der Islam für diesen Zweck gebraucht worden ist, wird er beseitigt, um den Weg für das religiöse System eines reinen Luziferianismus zu bereiten. Alle Muslime werden an dem neuen System teilnehmen und Luzifer verehren.«

Was Pikes Brief an Mazzini und auch andere Dinge, die er geschrieben haben soll, betrifft, hat man einwenden wollen, dass darin Worte vorkommen würden, die Pike nicht gekannt haben konnte, wie Staat Israel, Faschismus und Nazismus. Es scheint aber so zu sein, dass Jahrzehnte später Verfasser wie William Guy Carr (1895-1959) und José María Caro Rodríguez (1866-1958) mit Hinweis auf Pike solche nunmehr bekannte Bezeichnungen interpretativ verwendeten. Pike muss diese also nicht notwendigerweise wörtlich genauso geschrieben haben. Sie kamen außerdem möglicherweise bereits in Geheimplänen vor, die noch nicht realisiert waren. Zum Beispiel hat ja der Zionismus schon zu Pikes Zeiten den Staat Israel geplant. Des Weiteren soll Pike von einer dunklen Wesenheit Visionen bekommen haben, die zukunftsbezogen waren.

Historische Zurückverfolgung dieser Konspiration

Haben wir es hier nur mit einer »Konspirationstheorie« zu tun, oder handelt es sich um eine echte Konspiration? Es ist nicht schwer zu begreifen, dass eine wahre Konspiration *geheim* sein muss, sonst ist sie ja keine …

Wenn etwas über Konspirationspläne bekannt wird, wird schnell der abwertende Begriff »Konspirationstheorie« (oder moderner: »Verschwörungstheorie«) dafür verwendet. Damit soll suggeriert werden, dass das Ganze nur eine Fantasie ist, ein Gehirngespinst ohne wahren Hintergrund. Es hat sich leider in der Bevölkerung eingebürgert, dass eine »Konspirationstheorie« nicht ernst zu nehmen, sondern eine Erfindung oder Fälschung sei. Richtig aufgefasst handelt es sich aber oft um etwas, das sehr gut wahr sein könnte, das aber aus Geheimhaltungsgründen geleugnet wird.

Der Geschichte dieser Konspiration geht eine Geschichte der Illuminati voraus. Beleuchten wir daher kurz, wer die Illuminati sind.

Der Orden wurde 1776 in Bayern von Adam Weishaupt (1748-1830) mit Unterstützung von Mayer Amschel Rothschild (der für einen Satanisten gehalten wird) gegründet. Ein Plan dieses Ordens war die Zerstörung der Kirche, vermutlich inspiriert von Voltaire, der in einem Brief an König Frederick II geschrieben hatte:

> »Zuletzt, wenn der ganze Körper der Kirche genügend geschwächt sein wird und der Unglaube genügend stark, soll der endgültige Schlag mit dem Schwert in einer offenen unerbittlichen Verfolgung folgen, eine Herrschaft des Terrors soll über die ganze Erde verbreitet werden …«

Weishaupt war der Sohn eines jüdischen Rabbis, konvertierte aber später zum Christentum und wurde Priester. Aus irgendeinem Grund entwickelte er einen starken Hass auf die Jesuiten und wurde mit der Zeit Atheist.

Er traf eine ganze Anzahl eigener Aussagen über seine Gesinnung: »Die große Stärke unseres Ordens liegt in seiner Verborgenheit, lasse ihn nie und nirgends in seinem wahren Namen erscheinen. ... Der Orden will geheim sein und im Stillen wirken.« ... »Das Bewundernswerteste ist, dass große Protestanten und reformierte Theologen ... in unserem Orden wirklich glauben, in ihm den wahren und echten Sinn der christlichen Religion zu sehen.« Jedoch wird das Geheimnis in den höheren Graden offenbart: »... um die ganze Christenheit zu zerstören, alle Religionen, haben wir vorgemacht, die einzige wahre Religion zu haben ... die Menschheit von jeder Religion zu befreien.«

Die Rothschilds dürften die Illuminaten dazu gebraucht haben, eine weltweite finanzielle Macht zu etablieren. Der Orden verband sich mit dem Freimaurertum, infiltrierte und übernahm es. Hier entsteht ein Zusammenhang mit Pike und mit der politischen Elite in der Welt.

»Im Jahre 1770 haben die Geldleiher (die kürzlich das Haus Rothschild errichtet hatten) ihn [Weishaupt] beauftragt, die uralten ›Protokolle‹ zu modernisieren, um der Synagoge Satans die endgültige Weltmacht zu geben, sodass sie dann, nach dem endgültigen sozialen Zusammenbruch durch satanischen Despotismus, dem Überbleibsel der menschlichen Rasse die luziferische Ideologie auferlegen könnten. Weishaupt hat am 1. Mai 1776 diese Aufgabe abgeschlossen. Der Plan verlangte die Zerstörung ALLER existierenden Regierungen und Religionen. Dieses Ziel solle durch eine vollständige Trennung der

Massen, die er als Gojim[14] bezeichnete (was menschliches Vieh bedeutet), in entgegengesetzte Lager in Bezug auf politische, rassenmäßige, soziale, wirtschaftliche und andere Themen erlangt werden. Die gegenüberstehenden Seiten sollten dann bewaffnet werden, und es sollte sich ein ›Vorfall‹ ereignen, der sie zum Kampf anregen würde und dazu, sich selbst zu schwächen, indem sie nationale Regierungen und Religionsinstitutionen zerstören.«

William Guy Carr: *Pawns in the Game* (1958)

Giuseppe Mazzini (1805-1872), ein italienischer Politiker und Freimaurer vom 33. Grad, wurde nach Weishaupts Tod Leiter der Illuminati.

Diese Informationen wurden zum Teil zwei äußerst interessanten Texten entnommen: *The Birth of Tyranny – the Illuminati*[15] und *A History of the New World Order.*

Was ist der Zionismus?

Die zionistische Bewegung wurde 1896 von Theodor Herzl gegründet, aber wie die Zitate von Pike zeigen, war der zio-

14 »Gojim« ist die Mehrzahl des hebräischen Wortes *goj*, welches »Volk, Vieh, Heide« bedeutet.

15 Zwei Kommentare zu diesem Text fallen mir als irrtümlich oder zweifelhaft auf: dass die Manichäer sich mit Magie befassten und die echten Rosenkreuzer des 17. Jahrhunderts gerüchtweise Menschen geopfert haben sollen. Die Manichäer waren Christen mit einer gewissen Parallele zu den Gnostischen Christen, und die ursprünglichen Rosenkreuzer werden niemals Blutopfer durchgeführt haben. Heute gibt es sie nicht mehr, aber es existieren Bewegungen, die sich als Rosenkreuzer ausgeben.

nistische Gedanke schon vorher vorhanden und wird auch bei den Illuminaten eine Rolle gespielt haben. Die Idee dahinter war, einen jüdischen Staat wiederherzustellen, was ja später auch geschah. Jedoch ist der Zionismus eher säkular als religiös, und viele echte Juden erkennen ihn daher nicht an. Es gibt in einem nicht geringen Ausmaß einen jüdischen Antizionismus, dieser ist aber keinesfalls mit dem Antisemitismus gleichzustellen! Und doch tut man dies allzu oft aus rein taktischen Gründen. Hierbei geht es um Politik und nicht um Religion und wohl nur zum Teil um Kultur. Der heutige Staat Israel ist dem Zionismus nicht genug, daher strebt der Zionismus ein Groß-Israel an, das sich vom Nil im Westen bis Euphrat im Osten und von der Türkei im Norden bis weit nach Saudi-Arabien hinein erstrecken würde: *Eretz Israel HaShlema* (das wiederhergestellte Land Israel). Um das verwirklichen zu können, müsste natürlich der ganze Nahe Osten entislamisiert werden … und man mag sich fragen, ob Zionisten hinter dem kriegerischen Geschehen im Nahen Osten stehen, und sogar dahinter, dass Menschen von dort in die Flucht getrieben werden …

Wie dem auch sei, der Zionismus ist kaum mit dem Christentum befreundet, was im Thema dieses Buches auch eine Rolle spielt.

Was ist »die reine Lehre Luzifers«?

Die reine Lehre Luzifers kann nach William Guy Carr und Albert Pike wie folgt zusammengefasst werden.

1. Luzifer sagt: »Ich werde die menschliche Rasse unter einer totalitären Diktatur versklaven und ihnen alle physischen und mentalen Freiheiten wegnehmen, sodass sie nicht fähig sind, ihren Intellekt und ihren freien Willen zu gebrauchen«.
2. Alles, was Gott nicht gefällt, gefällt Luzifer.
3. Es darf keine Vielfalt geben, alles soll zusammengeführt werden und eine Ganzheit bilden.
4. Es soll nur zwei Klassen geben, diejenigen, die regieren und diejenigen, die versklavt sind. Die eigene Initiative wird in keiner Weise toleriert.
5. Wenn die luziferische Diktatur auf der Erde errichtet ist, soll sie von einem despotischen König geleitet werden, dessen Willen mit satanischem Despotismus durchgesetzt wird.
6. Die schöpferische Kraft soll die Lust sein und Recht und Macht ihre herrschende Kraft.
7. Nur die herrschende Elite soll die Freiheit haben, die fleischliche Lust zu genießen und das Recht, sie befriedigen. Alle anderen sollen zu menschlichem Vieh werden und physisch, mental und geistig versklavt, sodass Frieden und soziale Sicherheit dauerhaft gefährdet sind.
8. Der göttliche Plan für die Vermehrung der Menschen soll verdorben werden. Deshalb sollen Frauen zu Lustobjekten abgewertet werden und als unrein gelten.
9. Diejenigen, die zum Herrschen ausgewählt werden, müssen erst beweisen, dass sie keinerlei menschliche Gefühle haben. Sie sollen ohne Gefühle, vor allem ohne Liebe oder Sympathie, herrschen und keine sentimentalen Empfindungen für das andere Geschlecht haben. Frauen,

die in Logen initiiert werden, sollen allgemeines Eigentum sein, und die Mitglieder des Palladinischen Ritus sollen sie oft und ohne Mitgefühl lieblos »gebrauchen«, nur um ihre sexuellen Triebe zu befriedigen. Männer sollen Frauen unfrei halten, um vollständige Kontrolle über ihre menschlichen Schwächen zu haben.

10. Alle Gojim, die zum Dienen nicht zu gebrauchen sind, sollen zerstört werden.
11. Der Staat soll Geburten regeln und Kinder nach Plan ausgewählt erziehen. Nur der Staat hat das Recht, sie dazu zu erziehen, dem Staat zu dienen.
12. Die Zerstörung von Familie und Gemeinschaft ist für den Erfolg dieser Konspiration absolut notwendig.
13. Die Frau soll in den Dreck gezogen werden und als ein niedriges Geschöpf gelten.
14. Der Mensch soll sich selbst Gesetz sein und tun, was er will – natürlich nur in der Elite.
15. Gottes Schöpfung soll aus dem Gleichgewicht gebracht werden, sodass die Menschheit für die Sünden der Anmaßung zahlen soll, die von Luziferianern begangen werden.

Wer erkennt darin nicht den heutigen Zustand der Welt in Hinsicht auf Politik und Gesellschaft mit der Bestrebung der Neuen Weltordnung nach *einer* Welt, *einer* Menschheit, *einer* Religion, *einer* Macht, in welcher der Multikulturalismus benutzt wird, um einem Schmelztiegel der Rassen entstehen zu lassen, sodass am Ende alle Unterschiede beseitigt sein sollen – außer den geschlechtlichen, wohingegen eine lustvolle, aber lieblose Gendervielfalt erstrebt wird? Wer erkennt nicht die Wertung (oder besser Entwertung) der Frau im Islam sowie in älteren Formen des kirchlichen Christentums und auch im talmudischen Judaismus? Wer erkennt nicht die wahren hinterhältigen Ziele von Agenda 21 und der neuen Variante Agenda 30, die von Floskeln geschönt werden? Wer erkennt nicht die systematische Volksverdummung in unserem heutigen Schulsystem? Wer erkennt nicht die selbstabwertende Bühnenprostitution mancher weiblicher Artisten in der Unterhaltungsindustrie (Extrembeispiel: Miley Cyrus)?

NWO-Pläne entlarvt

2016 erschien im Internet ein Bericht über den Plan der Neuen Weltordnung nach derselben Lehre. Der Bericht bezieht sich auf einen geheimen Vortrag von Dr. Richard Day, bei dem den Teilnehmern verboten wurde, Aufnahmen zu machen und Notizen zu schreiben. Ein Teilnehmer, Dr. Lawrence Dunegan, verfügte aber über ein gutes fotografisches Gedächtnis und konnte nachher alles Wichtige dokumentieren. Seine Notizen hat er 1987 auf Band gesprochen, und diese Aufnahme gelang an die Öffentlichkeit. Kurz danach starben sowohl Day als auch Dunegan …

Hier folgt ein Konzentrat des Berichtes. Eine sehr ausführlichere Darstellung davon erschien im Mai 2017 im Internet.

Bevölkerungskontrolle; nur mit Erlaubnis Kinder haben; den Zweck der Sexualität neu definieren; Sex ohne Fortpflanzung (Genderideologie) und Fortpflanzung ohne Sex; Empfängnisverhütung für alle frei zugänglich; Sexualerziehung und jugendliche Fleischeslust (Hemmungslosig-

keit) als Werkzeug der Weltregierung; freie Abtreibung für alle; Förderung von Homosexualität; Technologie für Fortpflanzung ohne Sex (klonen); Abwertung der Familie (von partnerschaftlicher Liebe); Euthanasie und »Einschlafpillen«; Aussortierung von Älteren durch begrenzten Zugang zu zahlbarer Medizin; strenge Kontrolle der Medizin; keine Privatärzte; neue schwer diagnostizierbare Krankheiten; Bevölkerungsabbau durch Unterdrückung von Heilmethoden für den Krebs; herbeigeführte Herzattacken als Tötungsmethode; Pubertät und körperliche Entwicklung durch Erziehung beschleunigen; alte Religionen sollen aussterben; die Bibel wird revidiert in Bezug auf Schlüsselworte (tendenziöse Umdeutungen); Religionen vermischen; Indoktrinierung durch Erziehung; mehr Zeit in Schulen, ohne Wesentliches zu lernen (Einexerzieren); Kontrolle des Informationszugangs (kein unnötiges Wissen); Schule als Mittelpunkt der Gesellschaft; manche Bücher sollen verschwinden; neue Gesetze für offizielle Moral und soziales Chaos; Förderung des Drogen- und Alkoholkonsums soll in Städten ein Dschungelmilieu erzeugen (tödliche Konflikte); Reisebeschränkungen; mehr Gefängnisse und Gebrauch von Krankenhäusern als Gefängnisse (Psychiatrie); keine moralische oder physische Sicherheit; Manipulation der Gesellschaft durch Kriminalität; Abbau der nationalen Industrialisierung (Globalisierung); umwechselnde Bevölkerung und Wirtschaft; soziale Entwurzelung; Sport für soziale Gestaltung und Veränderung (Entfeminisierung); sexuelle und gewalttätige Prägung durch Unterhaltungsindustrie; Verrohung der Musik; Verhaltenssteuerung der Jugendlichen; implantierte Identi-

tätsausweise (Chips); kein Patriotismus; keine Traditionen; Lebensmittelkontrolle (Genmanipulation, Chemie); Wettersteuerung (Chemtrails, HAARP); Menschen sollen durch verhaltenswissenschaftliche Maßnahmen tun, was man von ihnen verlangt; hinterhältige Politik; Verfälschung wissenschaftlicher Forschung (globale Erwärmung); Steuerung durch Terrorismus; der Zweck heiligt die Mittel; Überwachung; Menschen sollen sich an Veränderungen gewöhnen; Implantate; spionierende Fernsehgeräte (mit versteckten Kameras und Mikrofonen); keine privates Wohnrecht (keine Eigenheime); die Errichtung eines totalitären globalen Systems; Krieg ist gut, weil Menschen »als Helden« sterben; unbegrenzte Inflation.

Wir erkennen hier wirklich *sehr vieles*, das in der heutigen Gesellschaft entsteht oder bereits existent ist! Wir erkennen auch die aktuelle politische Situation und offensichtlich erstrebte wachsende soziale Herausforderungen. Ich habe einige Beispiele in Klammern hinzugefügt, und es könnten durchaus viel mehr sein. Der Leser mag die Liste selbst ergänzen. Hiermit ist einer der bedeutenden Hintergründe für den Krieg gegen die Christenheit offenlegt.

Die Etablierung einer neuen Matrix wird wahrscheinlich an einem Winterwochenende stattfinden. Alles wird an einem Freitagabend geschlossen, und wenn die Menschen am Montagmorgen aufwachen, wird das neue System deklariert. Die Menschen werden ausgelastet und viel mehr beschäftigt werden, viel weniger Freizeit haben, sodass sie kaum mitbekommen, was eigentlich geschieht.

Referenzen

- *Pike's Letter to Mazzini:* https://antioligarch.wordpress.com/2009/02/02/albert-pike-and-three-world-wars-pikes-letter-to-mazzini/
- Terry Melanson: *Albert Pike to Mazzini, August 15, 1871: Three World Wars?:* http://www.conspiracyarchive.com/2015/01/10/albert-pike-to-mazzini-august-15-1871-three-world-wars/
- *Albert Pike:* https://en.wikipedia.org/wiki/Albert_Pike und http://www.bibliotecapleyades.net/sociopolitica/sociopol_vril07a.htm
- Albert Pike: *Morals and Dogma of the Ancient and Accepted Scottish Rite of Freemasonry:* https://en.wikipedia.org/wiki/Morals_and_Dogma_of_the_Ancient_and_Accepted_Scottish_Rite_of_Freemasonry
- *Protokolle der Weisen von Zion:* https://totoweise.files.wordpress.com/2011/09/die-protokolle-der-weisen-von-zion.pdf und http://www.mosaisk.com/Martin-Hohmann/Die-Zionistischen-Protokolle.php und http://kath-zdw.ch/maria/texte/24.protokolle.html
- *The Confession of Leo Taxil:* https://web.archive.org/web/20070303091224/http:/altreligion.about.com/library/texts/bl_confessiontaxil.htm
- *The Masonic Fairy Tale Known As The Leo Taxil Confession:* http://www.freedom-ministries.com/catalog/confession-leo-taxilm-and-albert-pike.html
- *William Guy Carr:* https://en.wikipedia.org/wiki/William_Guy_Carr
- William Guy Carr: *Pawns in The Game,* https://ia800306.us.archive.org/21/items/PawnsInTheGame/Carr.-.Pawns.in.the.Game.international.conspiracy.exposed.1958.pdf und http://www.jesus-is-savior.com/Evils%20in%20Government/Communism/pawnsinthegame.pdf
- William Guy Carr: *Satan, Prince of This World,* https://archive.org/download/pdfy-CF3PRqb1CblGB8-3/Carr%20-%20Satan%20-%20Prince%20of%20This%20World%20(Luciferian%20conspiracy%20exposed)%20(1959).pdf
- Jose Maria Caro Rodriguez: *Mystery Of Freemasonry Unveiled,* Christian Book Club of America (1971), https://www.amazon.co.uk/

mystery-Freemasonry-unveiled-Mar%C3%ADa-Rodr%C3%ADguez/dp/B0006X3RYC

- *We Control Islam and We'll Use It to Destroy the West (WW3):* https://www.youtube.com/watch?v=0dXD2H0m74g, ergänzt: http://369news.net/albert-pike-control-islam-well-use-destroy-west-ww3/
- *The Birth of Tyranny – The Illuminati:* https://web.archive.org/web/20040812163419fw_/http:/user.pa.net/~drivera/fw1.htm
- *A History of the New World Order:* http://www.modernhistoryproject.org/mhp?Article=FinalWarning&C=1.2
- *Jüdischer Antizionismus:* https://de.wikipedia.org/wiki/Antizionismus
- *Großisrael:* http://thedailycoin.org/2017/04/02/greater-israel-zionist-plan-middle-east/
- *Teuflische Ziele der NWO:* http://www.luebeck-kunterbunt.de/Favoriten/Teuflische_Ziele.htm
- *What Exactly Is Agenda 21?:* http://www.zerohedge.com/news/2016-10-13/what-exactly-agenda-21
- *A New Agenda 21 Threatens Our Way of Life:* http://www.aim.org/guest-column/its-1992-all-over-again-a-new-agenda-21-threatens-our-way-of-life/
- *Redirecting The Purpose Behind Sex:* http://beforeitsnews.com/new-world-order/2016/06/new-world-order-insider-dies-after-exposing-entire-agenda-video-6265.html
- *New World Order Insider Dies After Exposing Entire Agenda:* http://themillenniumreport.com/2016/06/new-world-order-insider-dies-after-exposing-entire-agenda-video-2/
- *»Everything Is in Place and Nobody Can Stop Us Now«:* http://beforeitsnews.com/blogging-citizen-journalism/2017/05/everything-is-in-place-and-nobody-can-stop-us-now-2567616.html
- *Links zu Tonbandaufnahmen von Richard Day:* https://www.youtube.com/watch?v=kcGqkvjKCvA und https://www.youtube.com/watch?v=WILcw6OlV1E und https://www.youtube.com/watch?v=PMvTKMJPnGE sowie https://www.youtube.com/watch?v=3FdvGFE1uaU

Der sich verbreitende Satanismus

Eine in den letzten Jahren heranwachsende Bewegung in der Welt, besonders in den USA, aber auch in Europa, ist der Satanismus. Es ist unfassbar, wie viele Menschen sich offenbar davon angesprochen fühlen und sich in diesen Sumpf hineinziehen lassen. Was ist diese Bewegung und warum schließen sich die Menschen ihr an?

In offiziellen Medien wird nicht darüber berichtet, aber umso mehr in alternativen Informationskanälen, denen man allzu oft vorwirft, bei ihren Berichten handele sich nur um Falschmeldungen und Konspirationstheorien.

Zur Bewegung des Satanismus gehört offensichtlich eine Reihe von freimaurerischen Organisationen wie Illuminaten, Skull & Bones und andere, denen sich ebenso offensichtlich sehr viele Politiker der Elite und auch viele Artisten aus der Unterhaltungsindustrie anschließen. Die Organisation nutzen fortlaufend Geheimzeichen, die jenen, die dazugehören, absolut ersichtlich sind, von deren Bedeutung das Volk aber keine Ahnung hat. Die wenigsten Menschen verstehen, was man damit zeigen will, was auch so sein soll.

Es kursieren im Internet zahlreiche Bilder und Videos, auf und in denen man ranghohe Politiker und Top-Artisten sieht, wie sie eine Hand mit ausgestrecktem Zeige- und kleinem Finger zeigen, wobei Mittel- und Ringfinger eingefaltet sind. Das ist ein Teufelszeichen, das ein Wesen mit zwei Hörnern andeutet. Andere zeigen die Hand mit Zeigefinger und Daumen zu einem Kreis zusammengelegt und die anderen Finger gestreckt. Aus dem Kreis und dem Mittelfinger bildet sich dadurch eine 6, mit dem Ring- und dem kleinen Finger wird das verdreifacht: die Zahl des Ungeheuers 666 (Offb 13:18)! Manche Künstler zeigen nur eins ihrer Augen, was eine Assoziation zum »allsehenden Auge«, das auch oben auf der Illuminaten-Pyramide zu finden ist, nahelegt. Sie kämmen zum Beispiel das Haar über das andere Auge oder bedecken es in anderer Weise. Manchmal sieht man auch die zwei Hände so zusammengelegt, dass die zwei Daumen und die zwei Zeigefinger ein Dreieck formen, das die Illuminaten-Pyramide symbolisiert.

Warum tun sie das? Sie verkaufen Satan ihre Seele für den Erfolg! Und das scheint tatsächlich zu funktionieren … Es gibt Videos von Künstlern, die in einem Gespräch zugeben, dadurch zu Erfolg gekommen zu sein. Dass es Satan gibt, ist meines Erachtens nach nicht zu bezweifeln. Wenn man sich ihm verkauft, hat man offensichtlich auch Erfolg, zahlt dafür aber einem enorm hohen Preis, den diese Menschen nicht einmal erahnen! Sie glauben wohl größtenteils nicht an ein Leben nach dem Tod, oder sie meinen, dass es ihnen durch die Verbindung zu Satan nach dem Tod umso besser gehen würde. Satan wird aber seinen Preis einfordern, und die Seele wird zu seinem Sklaven: »Ich habe dir Erfolg gegeben, nun sollst du mir in jeder Hinsicht vollständig dienen.« Reingelegt! Ende der Freiheit, und das auf alle Zeit, über zukünftige Inkarnationen hinaus.

Satan fordert Opfer. In Ritualen schwarzmagischer Art werden ihm sogar Menschen geopfert. Das wird meiner Meinung nach zwei Gründe haben. Einerseits ernähren er und seine »schwarzen Engel« sich an der Lebensenergie der Opfer, die bei deren Tod freigesetzt wird. In Goethes Faust sagt Mephisto: »Blut ist ein besonderer Saft.« Blut ist Träger von Lebensenergie, und wo es fließt, kommt diese frei. Der andere Grund ist, dass man mit einer bösen Tat seine Zugehörigkeit zu Satan zeigt. Angeblich muss man zum Beispiel, um Mitglied den kanadischen Hell's Angels zu werden, einen Mord verübt haben. Hier ist es ähnlich.

Eine widerliche Art der Opferung ist der sexuelle Missbrauch von Kindern, besonders wenn sie nach diesem auch noch umgebracht werden. Opferung? In diesem Zusammenhang schon! Ich denke, dass es zwei Formen von Pädophilie gibt: einerseits aus unkontrollierter Geilheit durch eine schwere psychopathische Verzerrung (der Mensch ist dann wahrscheinlich von einer Wesenheit besetzt), andererseits im Zusammenhang mit Ritualen im genannten Zusammenhang. Im letzteren Fall ernähren sich negative Wesenheiten auch noch an den leidvollen emotionalen Energien der Opfer.

Es gibt grausamerweise in der heutigen Welt geheime Pädophilenringe mit Mitgliedern, zu denen auch manch hochgestellte Person in der Gesellschaft gehört. In den 1990er Jahren flog so ein Ring in Belgien auf, der Fall Marc Dutroux. Er musste seinen Kopf hinhalten, obwohl er offensichtlich nur ein Handlanger, ein kleiner Fisch, war. Seine Taten waren übel genug, aber die wirklichen Verbrecher hielten sich »fein heraus«, denn Dutroux hatte eigentlich nicht nur für sich selbst, sondern vielmehr für sie Kinder besorgt. Zu diesem Ring gehörten hochgestellte Personen, welche die Macht und den Einfluss hatten, um dies zu vertuschen und weitere Untersuchungen zu verhindern. Es ging hier zweifellos um Opferhandlungen in echt satanistischen Kreisen.

Zur Zeit des Schreibens dieses Buchs ist in den USA der Fall »Pizzagate« aktuell: Die Pizzeria »Comet Ping Pong« in Washington DC dient als Zentrale eines Kinderpornorings, an dem namhafte Politiker und andere Prominente beteiligt sind. In diesem Fall haben sich die Indizien seit Monaten gehäuft, und von Wikileaks veröffentliche E-Mails von John Podesta (Vorsitzender der Wahlkampagne von Hillary Clinton) haben den Fall erhärtet. Heute wird dies alles aber als »fake news« und Konspirationstheorie dargestellt. Das Letztere dürfte meines Erachtens nach eher die »fake news« sein …

Ende 2016 wurde in Australien ein umfassender Pädophilenring mit prominenten Mitgliedern entdeckt, worüber in Europa offizielle Medien kaum berichteten. Ein etwas älterer Fall ist der von Jeffrey Epstein, dem vorgeworfen wird, Prominente auf eine Insel eingeladen zu haben, wo sie sich mit seinen Sexsklaven »vergnügen« konnten. Auch hier sind Geld und Macht am Werk, und ältere Berichte verschwinden bereits. Der Leser möge selbst im Internet suchen und sich eine eigene Meinung bilden, wozu die erwähnten Namen und Bezeichnungen als Suchworte helfen sollten, und man wird noch weitere Fälle finden. Der unfassbare Skandal in Großbritannien um Jimmy Savile ist beispielsweise heute fast vergessen.

Es gibt im Zusammenhang mit »Pizzagate« auffallende Wortspielereien mit Codewörtern für pädophile Begriffe, welche eher das bestätigen, was man vertuschen will. Schon das Wort »Ping-Pong« mag eine sexuelle Aktivität andeuten, aber auch eine dreieckige Pizzaschnitte, die angeblich ein Symbol für ein zu Verfügung stehendes Mädchen sein soll. Ein Dreieck symbolisiert ja bereits seit alten Zeiten das weibliche Geschlechtsteil, aber das Wort »Pizza« erinnert allzu sehr an das russische (oder besser: slawische) Wort *pizda*, das ein vulgäres Wort für die Vagina ist. Ein Symbol für einen angeblich zur Verfügung stehenden Jungen ist »hot dog«, also eine Wurst in einem Brötchen … Assoziationen sind hier offensichtlich absichtlich und widersprechen allen Bemühungen, »Pizzagate« mit der Macht der Großfinanz zu vertuschen.

Im Zusammenhang mit der Satanismuswelle kommt man um dieses Übel nicht herum, denn es gibt eben Verbindungen und Zusammenhänge, wie ein weit verflochtenes Netzwerk, die nicht zu übersehen sind. Es ist jedoch gut, wenn das alles nun so weit wie möglich an die Öffentlichkeit gelangt und bekannt wird, auch wenn dies an den offiziellen Medien vorbei geschieht, die eher zum Schweigen angehalten werden, weil manche Beteiligte an den Hebeln der Macht sitzen. Je mehr Menschen davon wissen, umso schwieriger wird es hoffentlich für Satanisten, ihr Unheil betreiben zu können.

Hier noch einige Beispiele für das Vorkommen des Satanismus in unserer Gesellschaft:

In Detroit wurde am 25. Juli 2015 durch *The Satanic Temple of Detroit* eine große Bronzestatue von Baphomet, einer satanischen Wesenheit, eingeweiht. Diese unangenehme Figur mit einem Ziegenkopf wird ursprünglich androgyn dargestellt, mit weiblichen Brüsten, die man bei der Statue weggelassen hat, und mit einem erigierten Penis, der bei dieser Statue nur angedeutet ist. *The Satanic Temple of Detroit* hat außerdem ein »Recht« durchgesetzt, um in Schulen »Religions«-Unterricht betreiben zu dürfen, oder auch in Zusammenkünften nach der Schule.

Michael Aquino, Leiter des satanischen Ordens *The Temple of Set*, war zugleich Oberst in der amerikanischen Armee (nun im Ruhestand). Ein verborgener Aspekt im Hintergrund der ständigen Kriege in unserer Welt könnte sein, dass diese auch Massenopfer für satanistische Mächte sind.

Wer war Aleister Crowley?

Eine Art Leitfigur im derzeitigen Satanismus ist Edward Alexander (Aleister) Crowley (1875-1947). Sein Name taucht überall in satanistischen Kreisen auf. Seine Eltern gehörten einer fundamentalistischen christlichen Sekte an, in der sein Vater Prediger war. Crowley identifizierte sich gerne mit allen finsteren und widergöttlichen Gestalten in Bibeltexten, die ihm vorgelesen wurden. Dass seine Mutter ihn als »das Ungeheuer 666« bezeichnete, gefiel ihm. Ich will mich hier nicht weiter mit ihm beschäftigen, außer mit dem, was seine hämische Antichristlichkeit betrifft, denn darin besteht ein wesentlicher Teil seines Nachlasses im heutigen Satanismus.

Als sich Crowley im Jahre 1904 in Ägypten befand, empfing er die Stimme einer Wesenheit, die sich Aiwass oder Aiwaz nannte. Sie diktierte ihm *Das Buch des Gesetzes*, das eine grundlegende Schrift des Crowleyanismus ist. Man liest darin ungeheuerliche Lästerungen wie »Mit meinem Falkenkopf picke ich nach den Augen von Jesus, wie er da am Kreuze hängt«, »Ich speie auf eure jämmerlichen Glaubensbekenntnisse«, »Die unberührte Maria werde auf den Rädern zerrissen, um ihretwillen seien alle keuschen Frauen unter euch sämtlich verachtet!« und »Erbarmen lasst beiseite: verdammt die, die Mitleid haben! Tötet und foltert; verschont nicht; kommt über sie!«.

Crowley hat sich zum Thema Blutopfer scheinbar wenig geäußert, aber im *Buch des Gesetzes* diktierte Aiwass:

> »Das beste Blut ist das des Mondes, monatlich; dann das frische Blut eines Kindes, oder Tropfen vom Messopfer des Himmels; dann das von Feinden; dann das des Priesters oder der Anbeter; schließlich das irgendeines Tieres, gleich von welchem.«

Und es gibt in seinem Buch *Magick in Theorie und Praxis* ein Kapitel *Vom Blutopfer und blutsverwandten Angelegenheiten*, worin steht:

> »Ein männliches Kind perfekter Unschuld und hoher Intelligenz ist das am meisten befriedigende und geeignete Opfer.«

Es gibt noch sehr viel mehr, das über diesen Abschaum am Abgrund unserer Gesellschaft zu berichten wäre, aber ich belasse es bei den *Spitzen des Eisberges*, die bereits erwähnt sind.

Satanismus im Vatikan?

Es werden immer wieder Berichte mit der Behauptung veröffentlicht, dass der Vatikan vom Satanismus infiziert sei. Eine Mitgliedschaft bei den Freimaurern war seit 1738 für Katholiken verboten und führte zur Exkommunikation. Seit 1983 herrscht eher Unklarheit in dieser Frage, aber ein Verbot der Mitgliedschaft wird scheinbar nicht mehr aufrechterhalten. Es gibt viele Katholiken, die auch Freimaurer sind, und es scheint, dass Logen den Vatikan infiltriert haben. Nun kann man nicht offiziell Freimaurertum mit Satanismus gleichsetzen – erst recht nicht in Zeiten vor der Infiltration durch die Illuminati –, aber da heute offensichtlich manche Logen, vielleicht die meisten, in den höheren Graden satanistisch orientiert sind, ist das bedenklich.

Es sind einige Male Berichte aufgetaucht, wonach angeblich Satan im Vatikan mit schwarzen Messen, rituellen pädophilen Handlungen und Opferungen verehrt würde.

Bedenklich erscheint auch das Exsultet-Gebet zu Ostern im Vatikan: »*Flammas eius lucifer matutinus inveniat ille, inquam, lucifer, qui nescit occasum Christus Filius tuus, qui regressus ab inferis, humano generi serenus illuxit, et tecum vivit et regnat in saecula saeculorum.*« Übersetzt: »Sie leuchte, bis Luzifer erscheint, jener wahre Luzifer, der in Ewigkeit nicht untergeht: dein Sohn [!], unser Herr Jesus Christus, der aus der Unterwelt zurückkehrt, der den Menschen erstrahlt im österlichen Licht; der mit dir lebt und herrscht in Ewigkeit« (von mir anhand des lateinischen Texts wörtlicher als die übliche »vorsichtige« Übersetzung neu übersetzt). In den geläufigen Übersetzungen wird meistens *lucifer* mit »Morgenstern« übersetzt, und es wird behauptet, dass dies auch eine Bezeichnung für Jesus sei (vgl. Offb 22,16: »Ich, Jesus … bin die Wurzel und der Spross Davids, der leuchtende Morgenstern.«). Aber »Morgenstern« ist auch eine Bezeichnung für Luzifer (vgl. Jesaja 14,12: »Wie bist du vom Himmel herabgefallen, du Morgenstern, Sohn der Morgenröte! Wie bist du zu Boden geschmettert, du Überwältiger der Nationen!«)!

Besessenheit

Wer sich an satanischen Riten beteiligt, öffnet sich für Besessenheit. Negative Wesenheiten sind grundsätzlich immer und überall anwesend, und durch die Durchführung eines Satansrituals werden sie ganz besonders angezogen. Diese Wesenheiten können in die Aura der Beteiligten eindringen und teilweise deren Körper übernehmen, zumindest für die Dauer des Rituals, unter Umständen aber auch dauerhaft. Zeugen berichten, wie manche Teilnehmer sich verändern und nicht mehr sie selbst sind. Sie können sogar anders aussehen. Diese finsteren Entitäten sind dann die Hauptaktionäre in den Ritualen, die Menschen dazu bringen, Übles zu tun. Wenn dabei ein Kind missbraucht wird, ernähren sich solche Wesenheiten an den Energien des Kindes und der Täter. Sie nehmen die emotionalen Energien auf, die aus Schmerz und Angst des Kindes freigesetzt werden, ebenso wie die Lebensenergie, die beim Sterben des Kindes freikommt – für uns unsichtbare und für unsere Physik unbekannte Energieformen anderer Dimensionen als die drei, welche wir wahrnehmen können. Der, beziehungsweise die, Täter erregt sich bei dem Missbrauch und setzt unwissend ebenfalls entsprechende Energien frei. Schwer zu verstehende Wonnegefühle des Täters sind nicht wirklich seine Gefühle, sondern die der besetzenden Wesenheit. So gesehen wird eigentlich auch der Täter von der Entität geschändet, ohne es zu wissen, aber durch den Täter wird das Opfer umso schlimmer missbraucht.

Satanischer Vampirismus

Es wird behauptet, dass Satanisten sich durch das Blut ihrer Opfer verjüngen können. Mitglieder der Elite können zu sehr hohen Preisen eine Infusion mit Blut von Kindern kaufen. Diesen Kindern entnimmt man das Blut zu diesem Zweck, oft werden sie dafür sogar umgebracht. Zu einer schwarzen Messe gehört angeblich manchmal auch, das Fleisch des Kindes aus ähnlichen Gründen zu verzehren. Ist das wirklich wahr? Im Rahmen des Satanismus ist es tatsächlich vorstellbar, und alles Leugnen dient eher als indirekte Bestätigung. Die Wesenheit vereinnahmt die Energie und »belohnt« den Täterkreis durch eine teilweise suchtartige Verjüngungsillusion.

Was man auch von David Icke halten mag, einen britischen Verschwörungstheoretiker, der sich auf die Reptiloidenforschung spezialisiert hat, er hat das, was hier energetisch geschieht, in einem Video mit dem Titel *How The Elite Extract Energy Through Rituals* (Wie die Elite durch Rituale Energie abzieht) sehr gut dargestellt. Eine Zeugenaussage dazu ist im Internet zu finden. Sie lautet *Incest Survivor Exposed Illuminati Satanists (»They drink blood and eat babies«)* – (Inzest-Überlebender stellt Illuminati-Satanisten bloß: »Sie trinken Blut und essen Babies«).

Was sind das für Wesenheiten?

Sie sind sozusagen »gefallene Engel«, Wesenheiten ohne dreidimensionale Körper, aber es mag sich hier in manchen Fällen auch um an sich verkörperte Entitäten handeln, die aber in anderen Dimensionen als in »unseren drei« Dimensionen leben. Dazu mögen auch negative Außerirdische gehören, sogar solche, die bereits entkörpert und noch nicht in ihren Gefilden reinkarniert sind. Anscheinend können einige dieser Entitäten auch den verkörperten Zustand in ihren Dimensionen enorm verlängern. Dies geschieht durch uns unbekannte verjüngende Maßnahmen oder auch durch eine sozusagen augenblickliche Reinkarnation in einen neuen Körper, den Zwischenzustand überspringend. In meinem Buch *Unsichtbare Einflüsse* (Amra 2012 ff.) habe ich darüber einiges geschrieben.

Referenzen

- *Jeffrey Epstein:* https://en.wikipedia.org/wiki/Jeffrey_Epstein
- *Satanic ritual abuse:* https://en.wikipedia.org/wiki/Satanic_ritual_abuse
- *How BBC star Jimmy Savile allegedly got away with abusing 500 children and sex with dead bodies:* https://www.washingtonpost.com/news/morning-mix/wp/2014/06/27/how-bbc-star-jimmy-savile-got-away-with-allegedely-abusing-500-children-and-sex-with-dead-bodies/
- *Jüngster Trick des sich rapide verbreitenden Satanismus:* http://new.euro-med.dk/20170302-jungster-trick-des-sich-rapide-verbreiten-den-satanismus-satan-klassen-nach-schule-um-christus-zu-eliminie ren-und-wir-glauben-nicht-an-den-teufel-halten-nur-schwarze-messen.php
- *The Satanic Temple:* https://thesatanictemple.com/
- *Satanic Temple Unveils Baphomet Sculpture In Detroit:* http://www.huffingtonpost.com/entry/satanic-temple-unveils-sculpture-in-detroit_us_55b63881e4b0224d8832b687
- *The Satanic Temple of Detroit:* https://thesatanictempledetroit.com/about-us-2/
- *Baphomet:* https://en.wikipedia.org/wiki/Baphomet
- *Temple of Seth:* https://en.wikipedia.org/wiki/Temple_of_Set

- *The »Conspiracy« Against Michael Aquino – Satanic Pedophile:* https://exposinginfragard.blogspot.si/2014/02/the-case-against-michael-aquino-satanic.html
- *After School Satan:* https://en.wikipedia.org/wiki/After_School_Satan und https://afterschoolsatan.com/
- *Army of Satan – The Roots of Black Magic In Military:* https://www.youtube.com/watch?v=5729UOEj7SE
- *Aleister Crowley:* https://de.wikipedia.org/wiki/Aleister_Crowley und https://en.wikipedia.org/wiki/Aleister_Crowley#The_Golden_Dawn:_1898.E2.80.9399
- *Aleister Crowley – The most wicked man that ever lived:* http://theconspiracyzone.podcastpeople.com/posts/28153
- Aleister Crowley: *Magick in Theory and Practice, Chapter XII,* http://hermetic.com/crowley/book-4/chap12.html
- *Satanism in the Vatican:* http://www.vatileaks.com/vati-leaks/satanism-in-the-vatican und http://www.hope-of-israel.org/vaticansatan.html
- *Black Mass in the Vatican:* http://www.bibliotecapleyades.net/vatican/esp_vatican44.htm
- *Fr. Malachi Martin affirmed, Satanism has been practiced in the Vatican:* https://nathan-gothicnights.blogspot.si/2009/02/fr-malachi-martin-affirmed-satanism-has.html
- *Exsultet:* https://de.wikipedia.org/wiki/Exsultet
- *Full Blown Lucifer Worship At The Catholic Vatican:* https://www.youtube.com/watch?v=sUN-XEU6HUc
- *Wie Satan die Kirchen für sein Eine-Welt-NWO-Weltimperium übernahm:* http://new.euro-med.dk/20150427-wie-satan-die-kirchen-fur-sein-eine-welt-nwo-weltimperium-ubernahm.php
- *Schockierende Enthüllungen des Ex-Bankiers Ronald Bernard:* https://www.youtube.com/watch?v=Std9-9oFufE
- *Blood From Children »Rejuvenates« Older Bodies And Brains:* http://yournewswire.com/young-blood-rejuvenates/
- David Icke: *How The Elite Extract Energy Through Rituals:* https://www.youtube.com/watch?v=jk9CdnCc8a8
- *Incest Survivor Exposed Illuminati Satanists (»They drink blood and eat babies«):* https://www.henrymakow.com/incest_survivor_lifted_veil_on.html
- Jan Erik Sigdell: *Unsichtbare Einflüsse*, Amra Verlag, Hanau 2012; eine slowenische Ausgabe erschien 2016 bei Ara Zalozba, Ljubljana.

Marxismus und Weltkommunismus

»Politische Korrektheit« gegen das Christentum

Der schwammige Begriff »Politische Korrektheit« wird heute immer wieder verwendet. Aber was ist damit eigentlich gemeint und wo kommt er her?

William Lind schreibt in einem Artikel:

> »Kulturmarxismus ist ein Zweig des westlichen Marxismus, der sich vom Marxismus-Leninismus der ehemaligen Sowjetunion unterscheidet. Er ist allgemein als ›Multikulturalismus‹ bekannt, oder mehr informell: Politische Korrektheit. Von seinem Anfang an wussten die Befürworter des Kulturmarxismus, dass sie wirksamer tätig sein könnten, wenn sie die marxistische Natur ihrer Arbeit verbergen würden, daher die Verwendung von Begriffen wie ›Multikulturalismus‹.«

Der Marxismus gehört, wie oben erwähnt, auch zu den finsteren Plänen für eine negative Machtübernahme in der Welt, auch wenn er das unter den Teppich zu kehren versucht, da die Menschen dies nicht verstehen sollen.

Die marxistische Theorie sah vor, dass nach dem Ersten Weltkrieg der Kommunismus in ganz Europa den Kapitalismus ersetzen sollte, aber das geschah nicht. Warum? Zwei marxistische Theoretiker, Antonio Gramsci in Italien und Georg Lukacs in Ungarn, erkannten, dass die westliche Kultur und die christliche Religion die Arbeiterklasse derart verblendeten, dass der Kommunismus im Westen unmöglich sein würde, bis diese beiden zerstört wären.

Lukacs wusste, dass es ein großer Schritt zur Zerstörung der westlichen Kultur selbst wäre, wenn er die traditionelle westliche sexuelle Moral zerstören könnte. Eine Gruppe von deutschen Marxisten stellten in der Universität von Frankfurt eine Arbeitsgruppe zusammen, die sie als das Institut für Soziale Forschung bezeichneten, später einfach als die Frankfurter Schule. Damit entstand der Kulturmarxismus. Diese Schule flüchtete unter Hitler nach New York. Nach dem Zweiten Weltkrieg kamen ihre Mitglieder größtenteils nach Deutschland zurück.

Da das Christentum in der westlichen Kultur stark verankert ist und den Bestrebungen eines atheistischen Kommunismus im Wege steht, gehört die Abschaffung des Christentums im Besonderen und der Religion im Allgemeinen zum marxistischen Plan. Dabei wird die marxistische Ideologie effektiv zu einer Ersatzreligion … Die sexuelle Moral spielt im Christentum eine starke Rolle, und ihre Macht über die Menschen muss für die marxistischen Ziele gebrochen werden. Der christliche Familienbegriff ist eine Legitimierung der Sexualität, weshalb diese davon losgelöst werden sollte. Im Grunde hat Sexualität mit der Liebe zwischen zwei Menschen zu tun, die gewöhnlich eine Familie bilden, und dieser Liebe scheint der Marxismus keinen Raum geben zu wollen. Lieber bietet man im Kulturmarxismus der Sexualität neue Spielarten, bis hin zur extremen Profanisierung einer artifiziellen Genderideologie. Scheinbar soll die Liebe durch eine Sexualität ersetzt werden, die nur lust-, aber nicht liebevoll ist.

Um den Marxismus von wirtschaftlichen zu kulturellen Begriffen zu übersetzen, mussten die Mitglieder jener Frankfurter Schule an mehreren Punkten Marx widersprechen. Die wichtigsten von ihnen waren Max Horkheimer, Theodor Adorno, Wilhelm Reich, Erich Fromm und Herbert Marcuse. Sie argumentierten, dass im Marxismus die Kultur ein unabhängiger und sehr wichtiger Begriff sei. Sie erkannten auch, dass die Arbeiterklasse eine marxistische Revolution nicht anführen könnte, denn sie würde allmählich Teil der Mittelklasse, der verhassten Bourgeoisie. Wer könnte das denn dann tun? In den 1950ern gab Marcuse, der in New York geblieben war, die Antwort: ein Zusammenschluss von Farbigen, Studenten, Feministinnen und Homosexuellen.

Man kritisierte jede traditionelle Institution, insbesondere die Familie, um sie brutal und unermüdlich abzubauen. Man schrieb eine Reihe von »Vorurteilsstudien« und erklärte, dass jede Person, die an die westliche Kultur glaube, ein »Rassist«, »Sexist«, »Homophober«, »Vorurteilsvoller« oder »Faschist« und daher mental krank sei.

Die Frankfurter Schule kreuzte Marx mit Freud und griff zur Technik der psychologischen Konditionierung. Sie strahlten, in Zusammenarbeit mit Hollywood, in jedes amerikanische Heim eine Fernsehshow nach der anderen aus, worin der einzige als normal erscheinende weiße Mann homosexuell war. Vielleicht erinnert sich der Leser, dass es in den 1980ern in solchen Fernsehserien immer wieder ein schwules Paar zu sehen gab. Heute sieht man das nicht mehr so oft.

Damit will ich nicht die Homosexualität kritisieren, sondern nur hervorheben, dass sie (wie auch oben erwähnt) als eine Schachfigur in einem üblen politischen Spiel gebraucht wird. Menschen sollen selbstverständlich die Freiheit haben, ihre Sexualität nach der eigenen Natur zu leben. Es gibt aber einen Unterschied zwischen dem Respektieren und dem Fördern sexueller Neigungen.

Marcuse schrieb die Arbeiten anderer Mitglieder der Frankfurter Schule neu, um sie für Hochschulstudenten schmackhaft zu machen. In seinem Buch *Eros and Civilization* argumentierte er, man könne das Lustprinzip über das Wirklichkeitsprinzip erheben und eine Gesellschaft ohne Arbeit und mit nur Spaß errichten, wenn man die Sexualität von allen Zwängen befreie (von ihm stammt der Spruch »make love, not war«). Er setzte sich auch für eine »Befreiungstoleranz« ein, in der alle Ideen von linken Gruppierungen toleriert wurden und allen rechtslastigen Ideen gnadenlose Intoleranz entgegenschlagen sollte. Man sieht ja heute in der Politik der meisten europäischen Länder, wohin das geführt hat …

Erkennen Sie nun auch die Wurzeln der heutigen Genderideologie? Bei dieser geht es nicht nur um die – berechtigte! – Gleichwertigkeit alternativer Formen dafür, wie eine Person ihre Sexualität ausdrücken und leben will, sondern auch darum, die Sexualität von der Liebe abzukuppeln, wie sie traditionell in einer Paarbeziehung biologisch und psychologisch erlebt wird. Und es geht außerdem auch um *Sex ohne Fortpflanzung* und daher ohne Familienbildung. Letzteres ist eine Ideologie mit dem Zweck, das Wachstum der Bevölkerung zu beschränken.

Es wäre jetzt an der Zeit, den Multikulturalismus und die politische Korrektheit zu entlarven und dem Volk klarzumachen, was diese beiden wirklich sind: Kulturmarxismus. Dessen Ziel ist immer noch das gleiche wie am seinem Anfang: Die westliche Kultur *und das Christentum* zu zerstören.

Nach diesen für das Verständnis notwendigen historischen Ausschweifungen kommen wir nun zur Erkenntnis einer fatalen Beziehung zwischen dem heute allzu beliebten Maulkorbbegriff »Politische Korrektheit« – in Wirklichkeit ein verborgener Marxismus – und dem *Krieg gegen die Christenheit.* Damit werden auch weitere Vernetzungen mit freimaurerischen Geheimgesellschaften, geheimen Eliteregierungen und mit dem Satanismus erkenntlich, wie in anderen Kapiteln dieses Buches erwähnt.

Referenzen

- *Cultural Marxism:* http://themillenniumreport.com/2017/03/what-is-cultural-marxism/ und http://www.marylandthursdaymeeting.com/Archives/SpecialWebDocuments/Cultural.Marxism.htm
- *The Ideological Disease known as »Cultural Marxism« Exposed:* http://stateofthenation2012.com/?p=55480
- *Letter to Conservatives by Paul M. Weyrich:* https://www.nationalcenter.org/Weyrich299.html
- »Herbert Marcuse«, in: *Stanford Encyclopedia of Philosophy:* https://plato.stanford.edu/entries/marcuse/
- *Herbert Marcuse: Eros and Civilization:* http://freudians.org/wp-content/uploads/2014/09/Marcuse-Eros-and-Civilization-Part-II-Beyond-the-Reality-Principle.pdf
- *Frankfurter Schule:* https://de.wikipedia.org/wiki/Frankfurter_Schule
- *The Ideological Disease known as »Cultural Marxism« Exposed:* https://www.youtube.com/watch?v=Cg3T_H2LZ54

Ist eine Annäherung möglich?

Was ist Chrislam?

Die Yoruba, ein Volk in Nigeria, haben eine Religion, die neben weiteren Bestandteilen das Christentum und den Islam verbindet. Man spricht bei einer solchen Verbindung auch von *Chrislam*. Ableger dieser Religion sind in Lateinamerika Santería, Trinidad Orisha (Shango), Umbanda, Quimbanda, Candomblé und Vodou. Einige dieser Ableger beinhalten auch dunkle und sogar schwarzmagische Elemente. Also muss man sich ihnen mit Skepsis und Vorsicht nähern.

Die Idee des Chrislam ist in den USA vom Fernsehprediger Jack van Impe aufgegriffen worden und wird vor allem von dem Geistlichen Rick Warren im Rahmen der Neuen Weltordnung vorangetrieben. Dieses Vorgehen macht aber eher den Eindruck eines Versuchs, das Christentum zu relativieren.

Jesus ist mehrere Male im Qur'an als Isa erwähnt, wie auch seine Mutter Maria (Marjam) und einiges von dem, was Jesus getan hat. Er wird aber im Islam nicht als »Gottes Sohn« anerkannt. Das ist wohl in einem gewissen Sinne durchaus stimmig, weil er nach der gnostischen Überlieferung ein Botschafter Christi ist und Christus aus dem Urschöpfer und höchsten Gott 'El 'Eljon hervorgegangen ist, aber nicht aus Jahweh. Und es war Jahweh, der unter einem neuen Namen Mohammed dazu brachte, den Islam zu gründen. Jesus kam ja, um uns darüber aufzuklären, dass Jahweh ein falscher Gott ist. Es wird wohl deshalb so sein, dass er im Qur'an abgewertet wird.

Dem Chrislam sollte man sich mit äußerster Skepsis und Vorsicht nähern … Das Ziel des Chrislams könnte nämlich sein, das Christentum islamisch zu infiltrieren und es so von innen her zu übernehmen. Die Christuswesenheit wird im Islam nicht anerkannt. Daher geht es hier um das kirchliche Scheinchristentum, und es hat nichts mit dem wahren Christentum zu tun! Im Chrislam eine Art vom Kompromiss zwischen den beiden Glaubenssystemen zu sehen, wäre irrtümlich, denn der Islam ist offensichtlich in keiner Weise zu solchen Kompromissen bereit. Es wird manchmal behauptet, dass das Wort Islam »Frieden« bedeuten würde, aber in Wirklichkeit bedeutet es »Unterwerfung«, und zwar eine totale.

In Berlin wird bis 2018 am Petriplatz das »House of One« errichtet, das in einem Gebäude eine Synagoge, eine Kirche und eine Moschee vereinigen soll.

Das passt natürlich mit der Idee einer Eine-Welt-Religion in der Neuen Weltordnung zusammen, die aber auch mit der Bemühung der oben erwähnten zerstörenden Abwandlung des Christentums einhergeht, sozusagen in einem Zweifronten-Angriff: von außen her mit Gewalt und von innen her durch Infiltration, um die Christenheit immer weiter vom ursprünglichen Christentum zu entfernen. Manche vermeintliche Christen mögen der Idee des Chrislam zugetan sein, hingegen wird der Islam ihn eher als Mittel zum Zweck betrachten, und Muslime werden wohl kaum anders damit zu tun haben wollen, als von Christen die Unterwerfung zu verlangen.

Das gilt jedenfalls für den fanatischen Islam. Inwiefern ein mäßiger, koexistenzwilliger Islam in einer säkularen Gesellschaft im Sinne einer Gleichberechtigung möglich ist, dürfte heute unklar sein. Nur wenn der Islam zu einer solchen Koexistenz bereit wäre, hätte es überhaupt einen Sinn, sich auf ein Experiment wie »Chrislam« einzulassen. Aber der fanatische Islam würde so etwas ganz offensichtlich niemals akzeptieren, außer möglicherweise als Taktik, um sich einzuschleichen und das Christentum von innen zu übernehmen.

All diese Dinge sind den Gegnern des Christentums recht, solange sie irgendwie vom wahren Christentum ablenken. Denn die Originalbotschaft Christi, die sein Botschafter Jesus uns brachte, wurde von Anfang an mit allen Mitteln bekämpft, da sich Enlil-Jahweh dadurch bedroht sah. Alle Aktivitäten sind offensichtlich darauf ausgerichtet, uns vom wahren Christentum abzulenken und unsere Aufmerksamkeit anderen Dingen zuzuwenden.

Was ist Bahá'í?

Diese Religion ist in der islamischen Welt entstanden und wurde 1863 vom Iraner Bahá'u'lláh im Exil in Bagdad gegründet. Sie lehrt, dass alle Religionen mehr oder weniger gleichwertig sind und könnte eigentlich mit dem Chrislam kompatibel sein. Jesus wird in Bahá'i als eine Manifestation Gottes betrachtet. In der arabischen Welt gilt Bahá'í allerdings als abtrünnig, vor allem weil die Religion innerhalb des schiitischen Islams entstanden ist. Die Mehrheit der Muslime gehören dem sunnitischen Glauben an, die Schiiten machen nur eine Minderheit von schätzungsweise 15% der Muslime aus. Deshalb wird Bahá'i in der islamischen Welt weitgehend verfolgt. Wäre diese Glaubensrichtung in der Hauptströmung des Islams anerkannt, könnte sie möglicherweise den Boden für eine Annäherung zwischen dem Christentum und dem Islam bereiten. Doch leider ist dies nicht so, und die Chancen, einander näherzukommen, stehen schlecht. Chrislam wird kaum eine Chance in der heute stark verhärteten Situation haben. Außerdem scheint es, dass die Neue Weltordnung mit ihrer freimaurerischen Elite das Christentum auf jedem Fall aus dem Weg räumen möchte, wozu der erste Schritt wäre, es durch den Islam zu ersetzen. Dieser würde später, sozusagen »nach getaner Arbeit«, ebenfalls von der Weltbühne entlassen. Das heimliche Endziel ist ja, wie bereits beschrieben, der Satanismus.

Die verfolgten Sufis

Die mystische Bewegung der Sufis, die seit dem Altertum besteht, glaubt an einen einheitlichen Ursprung und eine einheitliche Essenz aller Religionen. In seiner modernen Form ist der Sufismus eher weltoffen im Sinne davon, dass man sich der eigenen Spiritualität widmen kann, ohne Muslim zu sein und ohne nach der Scharia zu leben. Deswegen könnte der sogenannte Neo-Sufismus oder Universale Sufismus eine friedliche Annäherung bieten, lehrt er doch einen überkonfessionellen, interreligiösen Weg. Doch leider wird der Sufismus in vielen islamischen Ländern bekämpft und verfolgt.

Und der Buddhismus?

Es gibt manche Ähnlichkeiten zwischen den Lehren Jesu und Buddhas. Hier wäre in vielerlei Hinsicht eine Annäherung durchaus denkbar, aber der Islam schiebt dem einen Riegel vor, denn seine Haltung dem Buddhismus gegenüber scheint ähnlich zu sein, wie die gegen das Christentum. Eine Art von »Vermittlerrolle« des Buddhismus ist allein deshalb nicht zu erwarten. Im Internet finden sich einige Texte über die Beziehung zwischen dem Islam und dem Buddhismus, die aber kaum zu einer Annäherung beizutragen scheinen. Darin ist auch der tibetische Buddhismus und im Zusammenhang damit Kalachakra erwähnt, wobei man sich bewusst sein muss, dass es sich hier um eine ganz andere Form von Buddhismus handelt.

Referenzen

- *Yoruba religion:* https://en.wikipedia.org/wiki/Chrislam_%28Yoruba%29
- *Jack van Impe:* https://en.wikipedia.org/wiki/Jack_Van_Impe
- *Rick Warren And The Purpose Driven Plan To Destroy The Church Of Jesus Christ:* http://www.nowtheendbegins.com/rick-warren-and-the-purpose-driven-plan-to-destroy-the-church-of-jesus-christ/
- *Bahá'í:* https://de.wikipedia.org/wiki/Bahaitum
- *Chrislam:* http://www.nowtheendbegins.com/category/chrislam-2/
- *The Unholy Unity of Christianity and Islam:* http://www.eaec.org/bibleanswers/chrislam.htm
- *Jesus in Islam:* https://en.wikipedia.org/wiki/Jesus_in_Islam
- *What does Islam and the Quran say about Jesus?:* https://carm.org/what-does-islam-and-quran-say-about-jesus
- *What does the Holy Quran say about Jesus:* http://islamawareness.net/Christianity/what_does_quran.html
- *House of One:* https://house-of-one.org/de

- *Pope Francis Orders Vatican To Create First Ever Art Exhibition To Promote Chrislam:* http://www.nowtheendbegins.com/pope-francis-orders-vatican-create-first-ever-art-exhibition-promote-chrislam/ und http://www.inquisitr.com/1342279/pope-francis-orders-the-vatican-to-create-art-exhibit-promoting-chrislam/
- *One World Religion and Chrislam:* http://propheciesoftheendtimes.com/?cat=49
- *One World Religion:* http://www.nowtheendbegins.com/category/one-world-religion/
- *Bahaitum:* https://de.wikipedia.org/wiki/Bahaitum
- *Verfolgung der Bahai:* https://de.wikipedia.org/wiki/Verfolgung_der_Bahai
- *Sufismus:* https://de.wikipedia.org/wiki/Sufismus
- *Historische, kulturelle und vergleichende Studien – Buddhismus und Islam:* https://studybuddhism.com/web/x/nav/n.html_120506196.html

Die Reinkarnationsfalle

Der Glaube an die – oder vielleicht besser: das Wissen von der – Reinkarnation scheint so alt zu sein wie die Menschheit. Was wir von den ältesten Kulturen unserer Erde wissen, enthält auch Hinweise auf etwas unterschiedliche Vorstellungen von Reinkarnation. Der Mensch stirbt nicht wirklich, sondern er verlässt als Seele den Körper und kehrt dann irgendwann durch Wiedergeburt in einem neuen Körper zurück. Wir sind eigentlich unsterblich, aber wir haben es vergessen. Unsere Seele lebt immer weiter, macht aber zunächst in einer langen Reihe von Verkörperungen in materiellen Welten Erfahrungen, um an diesen zu wachsen und sich immer weiterzuentwickeln.

Unsere christliche Theologie bestreitet diese Lehre. Wenn man aber konkrete Antworten auf die Frage haben will, wie es nach dem Tod des Körpers weitergeht, versagt die Kirche. Als Lösung werden von dieser Seite diffuse Vorstellungen präsentiert, die eher spekulative Interpretationen von sich zum Teil widersprechenden Texten sind. Die Kirche geht sogar so weit, die Reinkarnationslehre als »unchristlich« zu bezeichnen.

Das Urchristentum ist aber nun einmal das Gnostische Christentum, das vor dem paulinischen Christentum existierte. Es entstand, um dies nur kurz zu wiederholen, aus dem inneren Kreis um Jesus, wo er offensichtlich über viele Dinge sprach, die er im äußeren Kreis wenig oder gar nicht erwähnte. Zu den wichtigen Belehrungen Jesu gehörte auch, dass Jahweh nicht der höchste Gott ist, sondern ein Demiurg, ein »Schöpfungsarbeiter«, der an die Schöpfung des Höchsten Gottes arbeitet, die aber nicht seine eigene ist. Aber er wollte vor den Menschen selbst als Gott dastehen und riss diese Rolle an sich. Weil Jesus, der ein Botschafter Christi war, im inneren Kreis solches sprach, ließ Jahweh ihn töten, um seine Macht zu wahren. Die Lehre des Jesus verbreitete sich jedoch weiter und wurde zum Gnostischen Christentum, das Jahwehs Macht bedrohte. Deshalb brachte er Paulus dazu, ein abgewandeltes »Christentum light« zu errichten, worin wichtige Lehren von Jesus nicht enthalten waren. Daraus entstand dann die Kirche, die nicht christlich, sondern paulinisch ist.

Zum Glück wurden sehr viele verschollene gnostische Texte 1945 in Nag Hammadi in Ägypten gefunden. Deshalb haben wir heute die wesentlichen gnostischen Lehren wieder. Daraus geht auch hervor, dass die Gnostischen Christen nachweislich mit der Reinkarnation vertraut waren und diese lehrten.

Jahweh und die Reinkarnation

Antonio Orbe (1917-2003), einer der größten Kenner des Gnostizismus, schrieb wie folgt über die Reinkarnation (übersetzt aus *Cristología Gnóstica*, Bd. II, Kapitel 34):

> »Christus nahm seinen Platz an der rechten Seite des Jahweh nicht nur ein, um von den Himmeln verehrt zu werden. Als Anerkennung für seine Dienste (beziehungswei-

se seinen Tod am Kreuz) wurde eine neue Ordnung erstellt – die sich durch das ganze Neue Testament zog – in Auflehnung gegenüber der bisherigen Herrschaft. Es ging nicht um die Frage, das Evangelium den Engeln oder Archonten zu verkünden. Die Offenbarung des Vaters ist mit dem Sohn, dem Erlöser verbunden. Es ging auch nicht darum, Jahweh in seiner Funktion als Demiurg beiseite zu schieben. Streng genommen setzte sich Jahwehs Funktion unter einem neuen Zeichen fort. Der Schöpfer ›fabriziert‹ keine neuen Welten, und er gestaltet auch keine neuen Menschen.

Was war Christi Aufgabe bei der Erstellung dieser neuen Ordnung? Nicht alle Gnostiker antworten in derselben Weise, aber sie sind sich in etwas Wesentlichem einig: Christus brachte die ›Reinkarnation‹ zum Abschluss. Er schwächte Jahweh, entzog ihm die Herrschaft über alle, die an das Evangelium Jesu glaubten, und befreite diese aus dem ›Kreislauf der Geburten‹.

Zur Zeit des Alten Testaments erschien Jahweh und übernahm auf der Grundlage des Todes die Macht über alle Menschen – Heiden und Israeliten, gute und böse Personen –, und er verpflichtete sie dazu, einen neuen Körper auf Erden anzunehmen (zumindest wenn es um einen menschlichen Körper ging). Auf solche Weise gingen die Menschen von einer Generation zur nächsten, ohne Hoffnung, die Kette der Geburten jemals durchbrechen zu können. Eine unterirdische Hölle war vollkommen überflüssig. Es war überflüssig, die Toten zu diesem Zweck an einem Ort zu versammeln. Es reichte aus, sie zu einem Leben in einem anderen Körper zu verpflichten, unter anderen Umständen (mit anderer Familie und an einem anderen Ort), und ohne dass sie die Erde verlassen mussten. Sogar die Guten mussten dem Demiurgen und dem ›Kreislauf der Geburten‹, in den er sie versetzte, zollen. Die Seele des Pinehas kam auf diese Weise in den Körper des Elias zurück und gelangte später in jenen des Johannes des Täufers. Einige Gnostiker waren versucht, eine Geschichte der Seele (oder des inneren Menschen) Adams in seinen Wiedererscheinungen in neuen Verkörperungen zu finden. …

Die Zerstörung einer solchen Herrschaft verkündete sich in der Ankunft Jesu in der Welt und sollte im Triumph über das Schicksal enden. … Aber sie wurde erst nach Jesu Rückkehr vollzogen, als der Messias seinen Sitz zur rechten Seite einnahm. Rechts von Jahweh sitzend, mit Macht über ihn, befreit Christus (als Wesen) alle, die dem Evangelium der Wahrheit hingegeben sind. Keine von jenen, die sich zu Gott dem Vater und dem Erlöser, dem Einziggeborenen Sohn, bekannten, würden jemals wieder in den fatalen Kreislauf der Geburten geraten. All jene würden sich in der nachtodlichen Reise aus den Händen Jahwehs befreien und sich in jene Christi begeben.

Die Ungläubigen, also all jene, die am alten Glauben festhalten und weiterhin Jahweh als einzig wahren Gott verehren, würden unter der Herrschaft des Alten Testaments verbleiben. Sie würden weiterhin reinkarnieren, im Tod von einem Körper zum anderen gehend. Wer den Vorteil des Heils (und der Unterwerfung) verweigerte, den Jesus in die Welt brachte, würde zur Strafe

> weiterhin ein Sklave Jahwehs sein und weiterhin seiner Willkür ausgesetzt sein und durch *metensomatosis* [Reinkarnation] die Massen seiner Verehrer in dieser Welt nähren. Das Sitzen Christi (als Wesen) zur Rechten, als ein Mittel des Erlösers für das Gute der Menschen, würden sie nicht erfahren.«

Orbes Aussage bedeutet nicht, dass Jahweh in seiner Region die Reinkarnation *eingeführt* hatte, sondern dass er sie für sich *kaperte*! Die Reinkarnation hat schon immer existiert, und der Glaube daran (oder eher das Wissen darüber) ist so alt wie die Menschheit und gehört zu praktisch allen alten Kulturen und Religionen – auch zum ursprünglichen Gnostischen Christentum und in wesentlichen Teilen auch zur hebräischen Religion. Sogar im Islam war dieses Wissen bekannt, und es gab und gibt dort noch reinkarnationsgläubige Gruppen. Jahweh wollte, dass alle Seelen unter seinem Einfluss bleiben, deshalb sollten sie in seiner Region wieder reinkarnieren. Dieses Ziel verfolgte er dadurch, dass er die Menschen dazu beeinflusste, sich durch Gewalttätigkeit und negatives Verhalten schlechtes Karma aufzubürden, denn so war ihre Rückkehr in seine Region gesichert. So etwas funktioniert besser, wenn Menschen nicht an Reinkarnation glauben. Und genau darum strebte Jahweh danach, in seinen Religionen das Wissen um die Reinkarnation zu beseitigen. Aus diesem Grund haben die christlichen Kirchen und der Islam den Glauben an die Reinkarnation verloren, und auch in einem Teil der hebräischen Religion ist das Wissen abhandengekommen – auch wenn es zu einem bedeutenden Teil in der Kabbalah erhalten blieb.

Dies bedeutet keineswegs, dass Christus sofort jene von der Reinkarnation befreit, die zu ihm halten. Aber er hat uns durch seinen Botschafter Jesus *den Weg aus ihr heraus* gezeigt. Mit diesem Weg können wir den »Kreislauf der Wiedergeburten« stark verkürzen und schneller aus diesem hinauskommen (die meisten von uns werden allerdings noch »Restkarma« abzuarbeiten haben). Es ist offensichtlich, dass das Jahweh nicht gefiel …

Die Gnostischen Christen lehrten, dass wir nach dem Tod unseres Körpers über Jahweh und seine Archonten hinaufsteigen sollten, um aus dem Bereich der Enklave der Anunnaki entkommen zu können. Das schließt aber nicht aus, dass wir an anderer Stelle reinkarnieren können, wir tun dies dann aber eher auf höheren Ebenen in der Schöpfungshierarchie, in Dimensionen über den Dreien, die uns als Einzige bekannt sind. Wir können also in ganz anderer Weise so lange reinkarnieren, bis wir schließlich wie auf einer Jakobsleiter zur höchsten Ebene gelangen, wo wir wieder mit der Quelle unserer Existenz vereint sind.

Der wahre Urschöpfer, in der gnostischen Schöpfungsbeschreibung nur als das Erste Wesen bezeichnet, ist unsichtbar, unbenannt und ein unermessliches Licht. In der vorisraelitischen Religion in Kana'an wird er 'El 'Eljon (der höchste Gott) genannt, der 70 Söhne hat, von denen einer Jahweh ist. 'El 'Eljon – und nicht Jahweh – ist derjenige, den Jesus »Vater« nannte. Vgl. Joh 8,31-47, wo Jesus deutlich macht, dass Jahweh keinesfalls der höchste Gott ist: »Ich rede, was ich bei meinem Vater gesehen habe; so tut auch ihr, was ihr bei eurem Vater gesehen habt. … Ihr habt den Teufel zum Vater, und was euer Vater begehrt, wollt ihr tun! Der war ein Menschenmörder von Anfang an und steht nicht in der Wahrheit, denn Wahrheit ist nicht in ihm ...«.

Nach der gnostischen Lehre hatte das Erste Wesen einen weiblichen Aspekt, Barbelo, seine »gebärende« Schöpferkraft. Aus diesen beiden entstand Autogenes (der aus sich selbst Entstandene), den wir Christus nennen und der uns Jesus als Botschafter sandte. Jenes Urlicht der Schöpfung, ihre Urenergie, ist die wahre Quelle der Existenz des Universums und auch unsere wahre Quelle. Es ist das Licht, dass das Endziel der Reinkarnation ist und auch unser Ursprung, aus dem wir als diejenigen, die den Weg der Reinkarnation gehen, am Anfang einmal herausgetreten sind, um (unter anderem) den freien Willen voll ausleben zu können. Dafür zog sich das Licht zusammen (vgl. den kabbalistischen Begriff *tzimtzum*), sodass außerhalb davon ein finsterer Bereich entstand, in den die Seelen – wir – hinausgingen. In jenem finsteren Bereich musste aber erst eine Struktur und daraus schließlich materielle Welten entstehen. Ein Wesen aus dem Urlicht sollte zu diesem Zweck dorthin gehen; dies war ein Wesen, das sich seines eigenen Lichts unbewusst sein musste, weil es sonst sein Licht in den finsteren Bereich gebracht und diesen erhellt hätte. Dieses Wesen nannten die Gnostiker Jaldabaoth. Es entwich in die finsteren Regionen, etablierte sich dort und erschuf aus sich selbst »Mitarbeiter« oder »Assistenten«, die Archonten. Es riss dann, wie erwähnt, die Gottesrolle an sich und ließ uns glauben, dass es der Schöpfer und der einzige Gott sei – ein Usurpator, der sich Jahweh nannte (später auch Allah).

Wir, die Seelen, die in die finstere Region emigrierten, wurden zu seinen Untertanen, die er in seinem Machtbereich behalten wollte, denn was sollte er denn alleine in der Finsternis?

Deshalb will er noch heute, dass wir unter seinem Einfluss bleiben und nach dem Tod dorthin zurückkehren. Jener Bereich ist eine relative Finsternis, denn erstens kennen wir das Urlicht nicht mehr und können es nicht in Kontrast zu unserer Dunkelheit stellen. Deswegen erscheint uns diese Finsternis als hell genug. Zweitens ließ Jaldabaoth/Jahweh aus sich ein sekundäres Licht entstehen, das man mit Luzifer, dem Lichtbringer, in Verbindung bringen kann. Es hat den Zweck, dass wir nach dem Tod irregeführt werden und in jenes Licht gehen, statt nach dem Urlicht zu streben.

Wenn wir in der Rückführung davon sprechen, »ins Licht zu gehen«, ist natürlich das Urlicht gemeint. Es dürfte genügen, dass der Rückführende das weiß und es so meint, aber es mag doch besser sein, es anders zu formulieren. Man hat vorgeschlagen, »zurück zur Quelle« zu sagen oder »zurück zum Ursprung«, aber man könnte ja auch gleich vom *Urlicht* sprechen.

Ich halte es für sehr gut möglich, dass der *Tunnel* ins Licht, der im Nachtoderlebnis nicht selten wahrgenommen wird, ebenfalls eine *Täuschung* ist und *ins luziferische Licht führt* und somit zurück in die finstere Region, in der wir gerade leben. Wenn die Gnostischen Christen lehrten, nach dem Tod höher hinauf zu gehen, um nicht wieder in dieser Region zu landen, dürfte das bedeuten, dass wir *nicht* in jenen Tunnel steigen sollen, sondern über ihn hinaus weiter nach oben.

Neueste Informationen aus verschiedenen Quellen sowie intuitive Erkenntnisse weisen darauf hin, dass Enki tatsächlich derjenige sein dürfte, den wir Luzifer nennen. Es gibt die Behauptung (siehe unten die Referenz zu Robert Stanley), dass die Sintflut deshalb über uns kam, weil Enki negative Geschöpfe habe entstehen lassen, die ausgerottet werden sollten. Das reimt sich aber nicht zusammen mit mesopotamischen Quellen.

Mesopotamische Quellen machen eher den folgenden Eindruck: Enlil wollte die Menschheit auslöschen, weil sie sich zu schnell entwickelte. Sie sollte auf eine frühere Stufe zurückgeworfen werden und nicht vom »Baum der Erkenntnis essen« dürfen, also nicht verbotene Wahrheiten erkennen. Enki scheint der Menschheit gegenüber positiver eingestellt zu sein, während Enlil sie verachtet. Obendrein scheint Enlil eigene Interessen zu verfolgen und keineswegs eine selbstlose Einstellung zur Menschheit zu haben. Einiges spricht dafür, dass er sich als Christus ausgeben wollte, um die Fälschung des Christentums weiter voranzutreiben. Er könnte daher als der falsche »Christus« des Kirchentums betrachtet werden, womit es uns den wahren Christus ersetzen will.

Das passt sehr gut zum *Exsultet*-Gebet der katholischen Kirche zur Osterzeit!

Jahweh hat folglich die Reinkarnation gepachtet, und Enki scheint das Spiel mit der Menschheit mitzumachen.

Es ist auch behauptet worden, dass archontische Wesenheiten auftauchen, wenn wir sterben oder kurz vor dem Tod stehen. Angeblich können sie in unserem Gedächtnis und unserer Seele »lesen« und Bilder von verstorbenen Verwandten, Angehörigen und Freunden hervorholen oder sich selbst als solche zeigen, oder auch als »geistige Führer«. Das würde bedeuten, dass sie zu Trugbildern von Personen werden, die behaupten, uns auf dem nachtodlichen Weg begleiten zu wollen. Ihre wahre Absicht wäre dann, uns in dieser dreidimensionalen jahwistischen Welt festzuhalten und uns wieder in sie hinein zu (ver)führen, damit wir abermals hier reinkarnieren.

Sollte die angeblich »verwandte« Person zum fraglichen Zeitpunkt bereits wieder reinkarniert sein, *kann* sie ja nicht bei einem sein, da ihre Seele schon einen neuen Körper bewohnt. Ein analoges Phänomen ist bei medialen Sitzungen unter dem Begriff »Foppgeister« bekannt.

DESHALB lautet meine mittlerweile deutlich empfundene Empfehlung für den unvermeidlichen Tag deines Todes: Gehe nicht in den Tunnel, sondern schaue höher hinauf. Siehst du dort ein noch helleres Licht, dann gehe dorthin! Ist da auch eine Gestalt, die sich als dir verwandt ausgibt, frage sie erst einmal: »Kommst du in Christi Namen?«, oder auch glaubensmäßig neutraler: »Kommst du im Namen des höchsten Gottes?« Vielleicht verzerrt sich schon durch diese Frage die Erscheinung. Falls nicht, fordere sie auf: »Zeige deine wahre Gestalt!« Sollte die Gestalt weiterhin den Eindruck machen, echt zu sein, könntest du noch versuchen, eine Fangfrage zu stellen. Lass dich nicht von falschen Gefühlen täuschen. Gleiches gilt bei einem angeblichen geistigen Führer oder vielleicht auch einer zunächst engelartigen Erscheinung. Werde ganz deutlich: »Ich nehme nur den an, der wahrhaftig in Christi Namen kommt« oder »… im Namen des höchsten Schöpfers«.

Referenzen

- Jan Erik Sigdell: *Die Herrschaft der Anunnaki*, Amra Verlag, Hanau 2016; eine amerikanische Ausgabe erschien 2017 bei Inner Traditions.
- Rainer Freitag: *Seelenwanderung in der islamischen Häresie*, Islamkundliche Untersuchungen Band 110, Klaus Schwarz Verlag, Berlin 1985.
- Antonio Orbe, *Cristología Gnóstica*: Biblioteca de Autores Cristianos, Madrid 1976 (2 Bände).
- *Tzimtzum:* https://de.wikipedia.org/wiki/Tzimtzum
- Jan Erik Sigdell: *Die Herrschaft der Anunnaki*, Amra Verlag, Hanau 2016.
- *Robert Stanley – The Man Who Met Enki & Lives to Tell About it:* https://www.youtube.com/watch?v=6Ewz6btosHo. Seine Erfahrung ist sehr interessant. Er hat angeblich Enki wie eine christusähnliche Gestalt gesehen und erkannte später, dass diese Erscheinung keineswegs positiv war. Manches an seiner Erzählung stimmt allerdings nicht so richtig mit den mesopotamischen Schriften überein, besonders nicht seine vergleichsweise positive Bewertung von Enlil.

Vertikale und horizontale Hierarchien

Unsere Menschheit ist in einer *vertikalen* Hierarchie gefangen, in dem Sinne, dass die Macht wie von der Spitze einer Pyramide aus von oben herab herrscht. Alle Schichten der Pyramide unter dem Gipfel werden von der nächsthöheren Ebene beherrscht, und die höchste herrschende Macht sitzt an der Spitze, wo sie als »Großer Bruder« alles überwacht, steuert und kontrolliert, in zunehmender Masse auch jede und jeden und alle Menschen. Das ist eine Form von Versklavung und eine satanische Struktur.

Fast alle spirituellen Philosophien und Religionen sagen, dass wir – als Seelen – samt und sonders ursprünglich von einer Region in der Schöpfung kommen, die wir als »Lichtwelt« bezeichnen. Sie ist die höchste Dimension in unserem multidimensionalen Universum. Wenn wir im außerkörperlichen Seelenzustand sind und sie wahrnehmen können, erscheinen uns die Strukturen dort, als bestünden sie aus Lichtenergie. Deshalb nennen wir diese Region »Lichtwelt«. Sie zeichnet sich durch eine hauptsächlich *horizontale* Hierarchie aus. Alle Lichtwesen sind dort eins und doch individuell. Sie sind unmittelbar miteinander verbunden, ohne wirkliche Trennung. Wenn wir Menschgewordene von dort herausfallen und zu Seelen werden – im Sinne von Entitäten, die Körper bewohnen, einen nach dem anderen (Reinkarnation) –, fallen wir auch in die *Trennung*.

Physische Körper sind alle voneinander getrennt und desgleichen somit die darin beherbergte Seele. Es gibt in der Menschheit keine *horizontale* Hierarchie mehr.

Das Endziel der Reinkarnation besteht darin, das Bewusstsein unserer Seele als Lichtwesen wiederzuerlangen und dadurch die Trennung zu überwinden. Dann können wir schließlich in die Lichtwelt zurückkehren, um dort zu bleiben. Nur wenn wir auch im inkarnierten Zustand die Trennung hinreichend überwunden haben, sind wir für die Rückkehr in jene Welt reif.

Es muss eine gewisse Schwelle von Trennung überwunden werden, bevor wir dort bleiben können und nicht mehr inkarnieren müssen. Was diese Trennung überwindet, ist *Liebe*. Deshalb ist die *Liebe* der Weg. Sie ist im Grunde der einzige Weg aus dem Reinkarnieren heraus. Was die Trennung aufrechterhält, sind Egoismus, Materialismus, Gier, Geiz, Gewalt, Zorn und Hass. Solange wir darin feststecken, *müssen* wir wieder einen neuen Körper annehmen ...

In der Menschheit wird eine *horizontale* Hierarchie also dringend benötigt. Wie Puzzlestücke, die sich zu einem Ganzen fügen, in jedem Menschen und in der Gesamtheit. *Horizontale* Hierarchie funktioniert nämlich durch positive Zusammenarbeit, wie bei den Mitgliedern eines Orchesters, die gemeinsam wundervolle Musik machen. Würde jede und jeder für sich allein spielen, entstünde eine horribel dissonante Kakofonie – dem ähnlich, was wir in unterschiedlicher Form gegenwärtig auf der Welt erleben. Eine solche *horizontale* Hierarchie funktioniert, wie erwähnt, durch Liebe, bedingungslose Liebe, aber auch durch das Erkennen der individuellen Gleichwertigkeit aller Menschen, der gesamten Menschheit –

dem Wissen und Leben, dass wir ausnahmslos Geschwister sind. Niemand ist besser oder schlechter als der oder die andere. Wir stehen lediglich auf unterschiedlichen Stufen der seelischen Evolution. Jeder und jede wird für das gebraucht, was er oder sie zum Konzert beitragen kann, um es harmonisch zu stimmen. Erst wenn wir das umsetzen, fangen wir an, für die Lichtwelt reif zu sein.

Es müssen aber *alle* für das Zusammenspiel bereit sein. Es verlangt von uns *allen* eine Gegenseitigkeit der Toleranz, des Respekts für andere, für das Anderssein – und dadurch auch für die Anerkennung des *Gleichen* im Anderen. Wer dabei nicht mitmachen will, kann nicht integriert werden, solange er sich feindlich verhält. Das ist ein aktuelles Problem in unserer Welt, das erst zur Abgrenzung und dann zur Ausgrenzung führt: »Du bist bei uns willkommen, solange wir uns gegenseitig tolerieren und respektieren können. Du musst nicht wie ich werden, es genügt, mich zu respektieren, dann kannst du von mir das Gleiche erwarten.« Wer sich nicht in Gegenseitigkeit integrieren *will*, muss draußen bleiben, sonst scheitert die Gemeinsamkeit.

Niccolò Machiavelli (1469-1527) wird oft als der Vater eines üblen Vorgehens in der Politik genannt, obwohl es umstritten ist, ob er ein solches Vorgehen propagierte oder nicht eher entlarvte. Es geht um *divide et impera*, »teile und herrsche«. Das Prinzip ist, Zwietracht zu erzeugen – Konflikte, Gegensätze und Streit –, um dann als »Retter« einzuschreiten und die gespaltenen Seiten so zu vereinen, wie man es selbst haben will. Dann kann man sie erst recht beherrschen.

Der umstrittene britische Reptiloidenforscher David Icke formuliert das Prinzip als »Problem – Reaktion – Lösung«. Ein

Problem wird aufgebaut, bis die Menschen restriktive Maßnahmen fordern, die dann als Lösung umgesetzt werden. Icke versteht unter »Lösung« das, was man von Anfang an beabsichtigt hatte und andernfalls nicht ohne Weiteres hätte durchführen können. Dabei handelt es sich um ein satanisches Prinzip, das leider sehr oft in der Welt eingesetzt wird. Nicht erst in unserer Zeit wird beispielsweise gern Terrorismus inszeniert, damit die Menschen bereitwilliger Überwachungsmaßnahmen und Einschränkungen der Privatsphäre über sich ergehen lassen. Damit will ich nicht sagen, dass es nicht auch Terrorismus gibt, der nicht inszeniert ist, aber inszenierter Terrorismus wird eben mit Vorliebe für diesen Zweck benutzt.

Solche sabotierenden politischen Manipulationen stärken die Trennung und erschweren heute leider das Zusammenleben von Menschen und Gruppierungen in Frieden und Gemeinsamkeit und lassen die Überwindung der Trennung eher ein Fernziel sein.

Aber gehen denn die meisten Seelen nicht in die Lichtwelt ein, wenn sie den Körper verlassen? Dort sind sie doch fernab aller manipulativen Zusammenhänge und wahrhaft frei? Nun, sie wechseln zwar in die Lichtwelt, aber nicht, um dort zu bleiben. Es hat den Anschein, dass sie sich zunächst eher in die Peripherie jener Welt begeben und später einen neuen Körper annehmen, bis sie schließlich aus der Reinkarnationsschule »examiniert« werden können.

Die *vertikale* Hierarchie ist eine satanische Anordnung, wozu auch gehört, uns im Reinkarnieren in einem wenig lichtvollen Teilbereich der Schöpfung zu halten und mit uns eine materielle Welt zu bevölkern, die von satanischen Mächten beherrscht wird.

Netzwerk Menschheit

Die Menschheit ist eine Art von Netzwerk. Wir sind heute mit elektronischen und anderen Formen *kontrollierter* Kommunikation technisch verbunden, stehen unter einer *Überwachung* des »Großen Bruders«, die Freiheit und Privatsphäre zerstört. So funktioniert eine *vertikale* Hierarchie. Wenn wir durch Liebe die *horizontale* Hierarchie entwickeln, die der »Große Bruder« von uns fernhalten will, entsteht eine auf seelischen Werten beruhende neue Vernetzung. Was ist dann mit der Privatsphäre? Es entsteht eine neue Art von Privatsphäre, die darauf hinausläuft, dass jede und jeder das Private des anderen *respektiert.* Wir nehmen nur noch Einsicht in das, was man uns sehen und wissen lassen *will.* Natürlich kann es keine vollständige Geheimhaltung geben. Aber niemand kann lügen, täuschen oder betrügen, weil andere sich seiner oder ihrer Absicht bewusst sind. Was zu einem Konflikt führen könnte, kann gar nicht erst versteckt werden.

Anfang des 17. Jahrhunderts entstand die Bewegung der Rosenkreuzer, mehr als ein Jahrhundert vor der Bewegung der Illuminati, so dass sie mit Letzteren nichts zu tun hatten. Sie mag zwar eher freimaurerischer Natur gewesen sein, aber auch das lange vor der Infiltration des Freimaurertums durch die Illuminati. Drei bedeutende Schriften hat sie hinterlassen: *Chymische Hochzeit Christiani Rosencreuz, Fama Fraternitatis* und *Confessio Fraternitatis.* Zu ihren Schriften zählte man anfänglich oft auch die 1614 erschienene Abhandlung *Allgemeine General Reformation der gantzen weiten Welt.* Diese an sich recht lustige Geschichte hat sich später als anonyme Übersetzung eines Kapitels der *Ragguagli del Parnaso* des

Italieners Traiano Boccalini herausgestellt und gehört also nicht zu den echten Rosenkreuzerschriften. Darin wird erzählt, dass Kaiser Justinian zu einer Beratung über Missstände im Reich rief, bei der Thales von Milet vorschlug, im Herzen jedes Menschen ein Guckfensterlein zu öffnen, damit man hineinsehen könne, um zu erfahren, was er (oder sie) denn nun wirklich denke oder meine. Einzig auf diese Weise könne man nichts verheimlichen und würden keinerlei Unwahrheiten erzählt. Wenn sich so etwas machen ließe, wäre das sicher nicht schlecht … aber einiges spricht dafür, dass sich in der Menschheit allmählich die Gabe der Telepathie entwickelt, und das wäre diesbezüglich doch auch ganz nützlich. Diese Gabe scheint verborgen in uns allen zu schlummern, genetisch verschlüsselt und unterdrückt, und bestimmt wäre es in diesem Fall für Außerirdische von Interesse, das Vorhandensein dieser Gabe geheim zu halten. Das Lösungsprinzip von »Teile und herrsche« funktioniert schließlich nur, wenn wir uns geistig nicht schneller als gewünscht entwickeln.

Die Möglichkeit der besseren Einsicht steht uns aber heute schon zur Verfügung, nämlich durch *Intuition*. Wie oft sagen wir uns: »Ich habe es geahnt! Warum habe ich nicht darauf geachtet?« Und warum achten wir darauf nicht? In unserer heutigen Gesellschaft sind wir durch Erziehung, Schule, Studien und Medien geradezu darauf »gedrillt«, nur dem Verstand zu trauen. Wir leben auch innerlich in Trennung – einer Trennung zwischen dem unbewussten Ich und dem besserwisserischen Verstand. Dabei könnte die Intuition unser »Guckfensterlein« sein. Wir lassen uns leicht etwas einreden, fühlen uns aber manchmal nicht wohl dabei, weil wir im unbewussten Ich eine bessere Einsicht haben. Wir trauen ihr nur nicht, weil unbewusste Wahrnehmungen der Umwelt und von desjenigen, der uns etwas einreden will, eine andere Sprache sprechen. Vielleicht spielt auch unterschwellige Telepathie eine Rolle – das mag durchaus sein.

Intuition gehört in unserer Menschheit also auch zur benötigten positiven Vernetzung. Wenn Trennung abgebaut wird, erkennen wir eher, ob es andere Menschen mit uns ehrlich meinen oder sie uns irreführen wollen. Es wird dann immer schwieriger zu lügen und zu betrügen. Unsere wahre Absicht wird dann besser erkennbar.

Was ist dann Liebe?

Menschen haben sehr unterschiedliche Auffassungen davon, was Liebe ist. Manche dieser Auffassungen sind recht eigenartig. »Wenn du mir alles gibst, was ich will, ist das Liebe« … Verkehrter könnte es kaum sein. Liebe ist nicht, auf Händen getragen und auf Rosen gebettet zu werden (einmal abgesehen davon, dass Rosen auch Dornen haben). Liebe hat viel mehr damit zu tun, was du *gibst,* als mit dem, was du bekommst. Gibst du selbstlos Aufmerksamkeit, Respekt (nicht zuletzt für die Freiheit des anderen) und willst bedingungslos das Beste für die Person, sind keine unsichtbaren Mauern zwischen dir und dem anderen. Die freie Kommunikation kann fließen. Erlauben wir uns zudem noch eine emotionale Kommunikation wie Empathie und zeigen unsere Gefühle (eher die guten als die schlechten), kommen wir der Liebe noch ein Stück näher.

Wenn du bereit bist, ohne Erwartung ihm oder ihr dein letztes Hemd zu geben, stehen wir schon dicht vor dem Ziel. Es bedeutet nicht, dass du dich ausnutzen lässt, denn allein diese Vorstellung zeigt bereits, dass die andere Person keine Liebe mit dem Geben verbindet, sondern eher ein besitzergreifendes Verhalten. Auch das kann aber erst die Selbstachtung schwächen, wenn der Gedanke besteht, etwas zurück zu bekommen. Zur Liebe gehört Demut. Besitzergreifendes Verhalten tötet Liebe. Die besitzergreifende Person ist am Ende immer die Verliererin.

In unserer Gesellschaft lässt man uns in allen Medien glauben, dass Sex Liebe sei. Das gehört zum Plan der Neuen Weltordnung. Wahre Sexualität ergibt sich aus wahrer Liebe und ist keine Voraussetzung dafür. Wahre Liebe respektiert zum Beispiel auch, wenn die andere Person nicht zum Sex bereit ist. Unterschwellig werden wir jedoch dahingehend manipuliert, Sex als *Ersatz* für wahre Liebe zu betrachten – und ihn deshalb so nachdrücklich zu verlangen und einzufordern. Das ist wirklich ein besonders übler Zug an einer Gesellschaft, in der wahre Liebe nicht erwünscht ist, weil sie zu einer *vertikalen* Hierarchie nicht passt ... Sie tendiert eher dazu, eine unerwünschte *horizontale* Hierarchie entstehen zu lassen. Noch schlimmer ist es, wenn Sex mit Gewalt verbunden wird. Filme und andere Medien vermitteln uns oft die Vorstellung, das würde zusammengehören, was allerdings auch nur wieder für eine *vertikale* Hierarchie förderlich ist.

Wenn Sex aber *freiwillig* und unter *Volljährigen* vollzogen wird, einerlei ob gegengeschlechtlich oder nicht, was soll daran denn falsch sein? Es ist nicht falsch, aber durch jeden Zwang und jede Gewalt, die ausgeübt wird, wie »gering« auch immer, wird es kriminell. Erst dann wird es zur »Sünde« ... Allerdings ist der Sündestempel eine oft allzu wirksame Taktik, um Menschen unrechtmäßig abzuwerten und »Lösungen« herbeizumanipulieren.

Besonders zerstörerisch für eine Gesellschaft ist übrigens, wenn ihre Mitglieder Sex mit Kindern und mit Tieren haben. Leider tendiert die heutige Gesellschaft immer stärker dorthin – nicht nur die Kirche und mehr oder weniger geheime Logen. Es zieht Kreise, und es sind satanische Kreise, denn eine wahrhaftige Sünde zu begehen gehört zu den satanischen Ritualen und Einweihungen und verfolgt einen Zweck. Es geht nicht nur darum, Mitglied zu werden oder zu bleiben. Es ist auch eine Opferung, die durch Angst und Panik gewaltige Mengen an Energie freisetzt, die Wand zwischen den Dimensionen ausdünnt und so den Zugang für fremde Wesenheiten und ihre Übernahme der Menschen erleichtert. Deshalb werden die Opfer bei »Schwarzen Messen« getötet.

Ich finde, das wirft auch ein erhellendes Licht auf unsere zeitgenössische Gender-Ideologie. Sie zu propagieren bedeutet nämlich, eine bequeme Lösung für sexuelle Abweichungen zu propagieren, die in aller Regel eine ganz klare und einfache Erklärung haben: eine Traumatisierung in der Vergangenheit. Das könnte in der Kindheit gewesen sein, ist als Erinnerung aber meistens verdrängt. Allerdings wird von denjenigen, die Reinkarnation als Tatsache betrachten und offen sind für die Befunde der Reinkarnationstherapie, die zugrunde liegende Traumatisierung oft in einem früheren Leben gefunden. Schwere Verhöhnung oder Missbrauch, vielleicht sogar die eigene Ermordung ... Das beeinflusst das heutige Verhalten. Und es spielt denjenigen in die Hände, die sich zugunsten der

Neuen Weltordnung für Bevölkerungskontrolle und Entvölkerung einsetzen. Nicht biologisch heterosexuelle Paare haben nun einmal keine Kinder miteinander.

Wenn eine Person sexuell abweichend ist, kann sie natürlich nichts dafür. Aufgeklärte Menschen gehen mit ihnen genauso um wie mit allen anderen auch. Und eigentlich gilt dies sogar – *horribile dictu* – für Satanisten, obwohl sie bedauerlicherweise *sehr weit vom Weg abgekommen* sind ...

Macht macht einsam

Vertikale Hierarchie beruht darauf, dass Macht von oben nach unten ausgeübt wird. Liebe hat hingegen eine ganz andere Qualität und verbindet alle Menschen in einer *horizontalen* Hierarchie. Macht und Liebe sind wie Feuer und Wasser, sie passen nie richtig zusammen.

Wer Macht hat oder haben will, muss auf Liebe verzichten. Es ist unmöglich, beides zu haben. Niemand liebt denjenigen, der Macht hat, er ist einzig der Vorteile und Privilegien wegen bei ihm oder ihr. Macht macht einsam, und der Mächtigste gehört zu den einsamsten Menschen der Welt. Meint jemand, den Mächtigen zu lieben, »liebt« er nur seine Vorteile. Werden die Erwartungen nicht erfüllt, schlägt das schnell um in Hass. Wahre Liebe kann nie in Hass umschlagen. Wenn »Liebe« das tut, ist es ein sicheres Zeichen dafür, dass es eben keine Liebe war ...

Referenzen

- *Niccolò Machiavelli:* https://de.wikipedia.org/wiki/Niccol%C3%B2_Machiavelli
- *Chymische Hochzeit Christiani Rosencreuz:* Lazarus Zetzner, Straßburg 1616 – später immer wieder neu verlegt.
- *Allgemeine und General Reformation der gantzen weiten Welt:* Cassel 1614. Zuletzt in *Chymische Hochzeit Christiani Rosencreutz Anno 1459,* mitherausgegeben von Ferdinand Maak, Barsdorf, 3. Auflage, Berlin 1922.

Der Gral und Jesu Blut

Was ist der Gral und was hat er mit unserem Thema zu tun? Die Antwort werde ich Ihnen am Ende dieses Kapitel gegeben haben.

Ich musste leider eine Zeitlang in ziemlich untätiger Ruhe zum Ausheilen einer Unfallverletzung verbringen und las daher Wolfram von Eschenbachs Erzählung vom Anfang des 13. Jahrhunderts über Parzival und den Gral. Zunächst stieß es mich ziemlich ab, über kampfgeile Ritter zu lesen, die einander in unzähligen Tjosten verletzten, verkrüppelten oder gar töteten. Was für ein Wahnsinn unserer Menschheit spiegelt sich doch darin wider! Ich übersprang sehr viel davon, weil ich mich für den Gral interessierte und nicht für unsinniges Blutvergießen. Was ist denn nun der Gral?

Wolfram beschreibt ihn als einen Stein, der vom Himmel gefallen ist. Wer ihn sieht, kann eine Woche lang nicht sterben. Er gibt den Menschen in der Gralsburg Speise und Trank. Manchmal erscheint auf dem Gral eine schriftliche Botschaft, die nach dem Lesen verschwindet. Er wurde von Engeln auf einem Lichtstrahl auf die Erde hinab begleitet, die dann wieder in die Höhe schwebten. Zurück blieben »neutrale« Geister – weder gut noch böse –, die noch nicht so weit ins Licht hinaufgehen konnten. Der Gral sei des Paradieses Vollkommenheit, zugleich Wurzel und Schössling, allen Erdensegens Überschwang.

Der Hüter des Grals war König Anfortas (wohl vom älteren Französisch *enfertez* = kranker Mann), der eine Verletzung in den Hoden hatte und deshalb unter großen Schmerzen litt. Parzival begegnete ihm zuerst an einem See, wo er ihn für einen Fischer hielt, später aber feststellte, dass er der König der Gralsburg war. Die Verletzung rührte daher, dass Anfortas weltliche (also uneheliche) Liebe gesucht hatte, statt sich eine Ehefrau zu nehmen, mit der er einen Sohn als Nachfolger hätte zeugen können. Nun musste er leiden, bis ein würdiger Nachfolger gefunden wurde, denn weil ihm der Gral jede Woche gezeigt wurde, musste er danach noch eine weitere Woche leben. In dieser Weise ließ man ihn nicht sterben, obwohl er um Erlösung bat.

Später las ich auch die frühere Version des Chrétien (Chrestien) de Troyes aus dem 12. Jahrhundert. Darin wird eine ziemlich andere Geschichte des Grals erzählt. Er wird bei Chrétien als »Graal« bezeichnet und ist ein Kelch, mit dem Joseph von Arimatäa das Blut auffing, das bei der Kreuzigung aus Jesu Wunde floss. Josef gelang in abenteuerlicher Weise mit dem Kelch nach Frankreich, wo dieser in der Gralsburg aufbewahrt wurde. Auch in dieser Version werden über den Gral ähnliche wundersame Eigenschaften berichtet.

Bei Chrétien wird der Gralshüter einfach als der *Fischerkönig* bezeichnet. Der Name Anfortas taucht hier nicht auf. Er ist in dieser Geschichte »zwischen den Hüften« verletzt. Die Gralsburg heißt bei Wolfram *Munsalväsch* (wohl aus dem okzitanischen Montsalvasch, »Heilsberg«, vgl. altfranzösisch *salvage* = Rettung, Erlösung). Es gibt zahlreiche Versuche, diese

Burg zu identifizieren, aber Lösungen sind mehr oder weniger unwahrscheinlich. Am interessantesten ist die Idee, dass sie die Katharerburg Montségur gewesen sein könnte. Eine weitere wäre Montserrat in Katalonien.

Parzival heißt bei Chrétien *Perceval.* Interessanterweise gibt es eine etwas später erschienene französische Gralsgeschichte, die *Perlesvaus* genannt wird. Man hat viel – wiederum mehr oder weniger unwahrscheinlich – über die Etymologie des Namens Perceval gerätselt, aber niemand scheint erkannt zu haben, was meines Erachtens nach eigentlich naheliegend ist. In einem eher älteren Französisch kann »*Per (par) ce val*« wörtlich »durch dieses Tal« bedeuten, in der Mehrzahl »*Per (par) les vaus (vaux)*« »durch die Täler«. Handelt es sich also um jemanden, der in ein Tal (oder in die Täler) hinabsteigt, um dort hindurchzugehen? Durch was für ein Tal (oder was für Täler)? Etwa unser »Jammertal«? Ist es ein in die Welt hineingeboren werden, um sich schließlich als Gralshüter zu bewähren? Was man auch zunächst von dieser Deutung von »Perceval« halten mag, wird sie durch den Vergleich mit *Perlesvaus* deutlich erhärtet!

Wolfram behauptet allerdings, dass der Name »recht mitten durch« (im altdeutschen Originaltext »rehte enmitten durch«) bedeuten würde und der Übersetzer erklärt: »*Perce à val* = dringe quer hindurch.« Das kann ich nur sehr schwer nachvollziehen. Ein englischsprachiges etymologisches Wörterbuch erklärt hingegen: «from Old French *Perceval*, literally ›he who breaks through the valley‹, from *percer* ›to pierce, break through‹ + *val* ›valley‹«. Das ist sehr verständlich.

Mein obiger Erklärungsversuch passt wohl zu *Perlesvaus* noch besser als etwa »perce(r) val«, weil man damit jenen

Namen kaum erklären kann. Außerdem: *Bricht* man durch ein Tal, oder geht man hindurch? Allerdings: man dringt hindurch.

Was ist nun der Gral/Graal? Als eine etymologische Erklärung wird behauptet: »Am wahrscheinlichsten ist die Herleitung aus okzitanisch *grazal*, altfranzösisch *graal* ›Gefäß‹, ›Schüssel‹«.

Es gibt aber eine viel interessantere Erklärung! Der »heilige Graal« – französisch *Saint* (älter *San*) *Graal* – käme demnach vom altfranzösischen *Sang Real*, in der heutigen Sprache »Sang Royale« = »königliches Blut«. Hier, sowie im vorausgehenden Paragrafen, handelt es sich um Erklärungen, die ein wenig über die Einsichtsmöglichkeiten der »Schulwissenschaft« hinaus zu gehen scheinen ... *Merriam-Websters Dictionary* erklärt jedoch: »Origin and Etymology of *sangreal.* Middle English *Sangrayll,* from Middle French *Saint Graal* Holy Grail«, und das *Free Dictionary* schreibt: »Sangrail ... *or* Sangraal; Sangreal ... (Bible) another name for the Holy Grail ...« Leider wird es aber so sein, dass die offizielle Wissenschaft diesen etymologischen Zusammenhang nicht gerne sehen will.

Die provenzalische Legende

Diese Legende berichtet, dass Maria Magdalena und zwei andere Marien mit einigen weiteren Personen nach Jesu Kreuzigung nach einer langen Fahrt mit einem kleinen Schiff an der Küste der Camargue in Frankreich ankamen. Es wird erzählt, dass sich im Boot auch eine Sarah befand, die Dienerin der Marien, und noch eine Sarah, die Tochter von Jesus und Maria Magdalena. Die Dienerin Sarah sei dunkelhäutig gewesen, und diese Sarah wird seit langer Zeit von den Zigeunern als ihre Schutzheilige verehrt. Sie nennen sie Sarah la Kali (in ihrer Sprache »Die Dunkle Sarah« – nicht zu verwechseln mit der indischen Göttin Kali, obwohl hier leider von manchen eine Verbindung als üble Verleumdung hergestellt wird!). Man darf wohl vermuten, dass sie selbst eine Zigeunerin war. Im Boot sei auch Joseph von Arimathäa gewesen.

Ich bin selbst zweimal in Saintes Maries de la Mer gewesen, einmal sogar mit den Zigeunern am 24. Mai[16] – ein besonderes Erlebnis! Es ist schon durchaus bemerkenswert, dass die Kirche diese Legende *dort* (und leider nur dort …) sehr ernst nimmt. So ernst, dass zur Ehre der dort an Land gegangenen Marien eine Kirche errichtet wurde, in deren Krypta eine Statue von Sarah (la Kali) steht.

Es kam also eine *Blutlinie Jesu* nach Europa! Seine und Maria Magdalenas Tochter wird sicher (mit Absicht des Schicksals) geheiratet und Kinder gehabt haben, direkte Nachkommen Jesu. Kein Wunder, dass dies seit jeher mit allen Mitteln bestritten und lächerlich gemacht wird. Zuletzt besonders im Zusammenhang mit dem Buch *The DaVinci Code* (in deutscher Übersetzung *Sakrileg*) von Dan Brown und der dazugehörigen Verfilmung. Die Kirche will keine solche Blutlinie anerkennen, denn damit wäre Jesu Wiederkunft erst recht möglich – und diese würde das Ende einer Kirche einleiten,

---

16 Am 24. Mai jeden Jahres treffen sich Zigeuner verschiedener Gruppierungen, um ihrer Schutzpatronin zu huldigen. Bei dieser Zigeunerwallfahrt, die alljährlich Tausende Menschen des fahrenden Volkes vereint, wird die Statue der Dunklen Sarah von der Kirche in einer Prozession zum Meer getragen, um an die Ankunft der heiligen Frauen zu erinnern.

der er die Leviten lesen würde. Die kirchliche Haltung ist eher, dass Jesus als *tot* gelten soll, damit die Kirche an seiner Stelle die Macht ausüben kann. Die Konkurrenz eines wiedergeborenen Jesus wird nicht geduldet. Zur unterschwelligen Erinnerung daran hängt in katholischen Kirchen und Heimen der *tote* Jesus am Kreuz. Der *aufgestiegene* Jesus wird fast nie gezeigt. (Vgl. mein Buch *Reinkarnation, Christentum und das kirchliche Dogma*.)

Damit kommen wir nun der Antwort auf die einleitend gestellte Frage näher.

Es wird auch beständig bestritten, dass Jesus und Maria Magdalena ein Ehepaar waren, obwohl in neuerer Zeit nicht wenige Indizien dafür aufgetaucht sind. Die Hochzeit zu Kana dürfte ihre Vermählung gewesen sein. So eine Schande! Jesus soll also *Sex* gehabt haben! Er soll etwas getan haben, das die Kirche als Sünde verteufelt, obwohl uns die göttliche Schöpfung zur Fortpflanzung Genitalien gegeben hat. Jesus war bestimmt kein Eunuch. Und genau darin lag sicher eine besondere und geradezu heilige Absicht, nämlich die, seine Blutlinie in die Welt zu bringen.

In der Westkirche wurde Maria Magdalena leider oft mit der Prostituierten in Luk 7,6-50 verbunden (»… Wenn dieser ein Prophet wäre, so wüsste er doch, wer und was für eine Frau das ist, die ihn anrührt, dass sie eine Sünderin ist! … Deshalb sage ich dir: Ihre vielen Sünden sind vergeben worden, darum hat sie viel Liebe erwiesen …«), weil Papst Gregorius das im Jahre 591 behauptete. Es gibt aber keinen Beweis dafür, dass jene Frau Maria Magdalena war, und der Vatikan hat sich spät, aber schließlich doch im Jahre 1949 von dieser »Identifikation« distanziert. Im völlig unerwiesenen Fall, dass sie jene Frau wäre, muss man bedenken, dass Jesus sie *geheilt und ihr verziehen hat.* In Luk 8,1-3 wird sie als eine Frau erwähnt, aus der sieben Dämonen vertrieben wurden (»Maria, genannt Magdalena, von der sieben Dämonen ausgefahren waren«). Nach diesem Exorzismus *war sie also rein*! In der Ostkirche wird sie hingegen eher verehrt, und es gibt dort nicht wenige Kirchen, die ihr gewidmet sind, zum Beispiel in Warszawa und Wrocław (ich erwähne nur diese zwei, weil ich einmal in der erstgenannten selbst gewesen bin, aber es gibt sie auch in anderen Ländern). Für die Gnostischen Urchristen war sie Jesu Lieblingsschülerin, die höhergestellt wurde als all seine Jünger. Wenn es also der göttliche Plan war, Jesu Gene in die Menschheit zu bringen, war Maria Magdalena dafür sicher sehr geeignet. Gene, die übrigens eher göttlicher Herkunft waren, da ja seine Mutter Maria angeblich durch den Heiligen Geist geschwängert wurde …

Was ist nun, im Lichte dessen, der Gral? Wohl eigentlich eben diese *Blutlinie!* Der Kelch wird dafür eher ein *Symbol* sein, welches die Wissenden daran erinnern soll, dass es diese Blutlinie gibt, durch die *Jesu Gene* im Laufe der letzten 2.000 Jahre in der Menschheit verbreitet wurden! Meiner Meinung nach ist es offensichtlich, dass der kirchliche Völkermord an den Katharern im 13. Jahrhundert nur vordergründig zur Beseitigung von angeblichen Ketzern und Irrlehrern geschah. In Wirklichkeit wurde er durchgeführt, um die besonders bei den Katharern vermutete Blutlinie zu beseitigen! Das wird gewiss zum Glück nicht gelungen sein, denn Jesu Gene wurden im Laufe der Zeit sicher auch außerhalb der Katharerbewegung weit verbreitet.

Und was soll man von der alternativen Behauptung halten, dass der Gral ein Stein sei? Angenommen, dass Joseph von Arimathäa tatsächlich Jesu Blut aufgesammelt hat, was wäre dann daraus geworden? Das Blut wäre geronnen und zu einem Klumpen getrocknet, der im Laufe der Zeit wie ein Stein aussehen dürfte. Wenn das so sein sollte, was würde das bedeuten? Wiederum, dass Jesu Gene noch in dieser Welt existieren! Sie wären dann immer noch in jenem »Stein« vorhanden! Es ist bekannt, dass die heutige Genetik tatsächlich imstande wäre, daraus Jesus zu klonen. Mag man fragen: Wozu das denn? Nur eine Kopie von Jesus herstellen? Oder könnte sich sogar sein Geist in wiederbelebte Gene inkarnieren? Wer weiß ... Wie auch immer, so etwas würde die Kirche niemals erlauben! Die uralte Suche nach dem Gral hätte wohl, wäre er jener Stein, eher die Absicht gehabt, diesen »Stein« zu vernichten, denn auch wenn man früher nicht über die heutigen genetischen Möglichkeiten Bescheid wusste, erahnte man sicher die besondere Bedeutung des Blutsteins.

Der Sinn dieser Diskussion ist es, darzulegen, dass es in der Menschheit mit großer Wahrscheinlichkeit und trotz allen Bestreitens eine wahrheitstragende Blutlinie gibt, die mit Jesus anfängt und sich genetisch immer mehr verbreitet hat. Es gibt auf jeden Fall eine sehr große Zahl von Menschen, die unwissend Jesusgene in sich tragen. Da diese Menschen die Macht des kirchlichen Christentums bedrohen, dürfte hierin ein weiterer Grund liegen, weshalb das Urchristentum stets vom kirchlichen Christentum bekämpft wurde. Wenn die Kirche aus Jahwehs Sicht seinen Interessen nicht mehr so dient, wie er es beabsichtigt hatte, gibt ihm das einen Anlass, das Christentum vollständig loszuwerden.

Referenzen

- *Parzival von Wolfram von Eschenbach*, übertragen von Wilhelm Stapel, Albert Langen/Georg Müller, München und Wien 1973.
- Chrestien de Troyes: *Perceval*, übersetzt von Konrad Sandkühler, Verlag Freies Geistesleben, in vier Teilen, 1977: *Perceval, Gauwain sucht den Gral, Irrfahrt und Prüfung* sowie *Perceval der Gralskönig*.
- *Saintes-Maries-de-la-Mer:* https://en.wikipedia.org/wiki/Saintes-Maries-de-la-Mer
- *History of Saintes-Maries-de-la-Mer:* http://www.beyond.fr/villages/stemariesmer.html
- *Saintes Maries de la Mer – The Provençal Legend:* http://www.marymagdalenebooks.com/saintes-maries-de-la-mer
- *Saint-Maximin-la-Sainte-Baume:* https://en.wikipedia.org/wiki/Saint-Maximin-la-Sainte-Baume
- *Saint Sarah:* https://en.wikipedia.org/wiki/Saint_Sarah
- *The Hidden History of Jesus and the Holy Grail:* http://www.bibliotecapleyades.net/biblianazar/esp_biblianazar_1.htm#Part%201
- *Bloodline of the Holy Grail:* http://www.bibliotecapleyades.net/biblianazar/esp_biblianazar_11.htm

Schlusswort

Die aufgezeichnete Religionsgeschichte, die im heutigen kirchlichen »Christentum« mündet, ist ein miserables Trauerspiel, das in seinem Ablauf immer mehr erklärt, warum diesem Glaubenssystem derart viel Negativität entgegengebracht wird. Man kann es vielleicht als Karma für Untaten in der Vergangenheit sehen, lästerlicherweise »im Namen Christi« begangene Sünden einer sich von der Wahrheit zunehmend entfernenden Institution. Sich von Gott entfernend? Von welchem Gott? Vom höchsten Schöpfer, aber hin zu einem falschen Gott und von der wahren Botschaft Christi hin zu einer gefälschten.

Der rote Faden dieser ganzen Geschichte ist die üble Intrige einer allzu mächtigen Wesenheit, die ursprünglich Enlil genannt wurde, unter deren Herrschaft Menschen »erschaffen« wurden, um als Sklaven zu dienen, die er dann im Stich ließ, als er scheinbar (aber nicht wirklich) unsere Welt verließ. Er wollte sie sogar vernichten, was ihm aber nicht gelungen ist. Dann hat er dafür gesorgt, dass die Menschen sich nicht zu schnell entwickelten, um sie »dumm und klein« zu halten. Seine Blutrünstigkeit hat er durch sie ausgelebt, um Gewalt, Mord und Totschlag in der Menschheit zu schüren, fast so wie jemand, der heutzutage am Computer ein Kriegsspiel spielt. Gleichwohl hat er sich angemaßt, sich der Menschheit als

»Gott« darzustellen, den wahren Schöpfer leugnend. So ist es wohl folgerichtig, dass die Entwicklung dieser Erde durch Intrigen und machiavellische Machtspiele, bei der sich Kulturen und Religionsformen gegeneinander ausspielen, einen immer übleren Verlauf nahm. Und da die Vernichtung durch die Sintflut nicht gelungen war, suchte Enlil später neue Formen der Vernichtung von jenen, die ihm zwar zugetan waren, aber doch nicht in seinem Sinne lebten. Sein Plan sieht vor, dass eine von ihm selbst etablierte Gegenreligion die Drecksarbeit für ihn tun soll, um dann als »Dank« dafür selbst geopfert zu werden. Danach kann Enlil in totalitärem Terror die übriggebliebene Menschheit in einer wahrhaftig satanischen Weltgesellschaft vollständig beherrschen.

Zu unserer Erlösung sandte der Höchste Gott und Urschöpfer ein in menschlicher Gestalt inkarniertes Lichtwesen in diese Welt, das uns als Botschafter aufklären und uns den Weg aus dieser Misere zeigen sollte. Diesen Botschafter ließ Enlil/Jahweh (Allah) umbringen, und seine Lehre wurde vehement bekämpft. Die durch ihn entstandene Freiheitsbewegung der Gnostiker wurde unterdrückt, aber ihre Schriften wurden heimlich für ein späteres Jahrtausend bewahrt, um dann als Grundlage für das nach einem Endkampf entstehende neue Christentum zu dienen. Der Botschafter hinterließ dadurch eine geistige Saat für die neue Zeit. Und vielleicht sogar auch eine Blutliniensaat, wie die Geschichte vom Gral und die provenzalische Legende andeuten könnten.

Da sich nun eine Endzeit anzubahnen scheint, steigern sich die Mächte, die gegen das wahre Christentum sind, und wollen nun möglichst alles vernichten, was mit dem Christentum zu tun hat, auch das gefälschte Christentum.

Wie steht es mit der körperlichen Erlösung? Welchen Stellenwert hat sie? Wir sind ja Körper *und* Seele, und die Seele ist unsterblich. Somit gibt es eigentlich keinen Tod! Wir verlassen nach dem »Tod« unseren Körper, und die Seele existiert weiter. Das ist in sich eigentlich auch eine Rettung ... Die Reinkarnation steht nicht in Widerspruch zum wahren Christentum. Die Gnostischen Christen wussten darüber Bescheid, auch die späteren Katharer waren darüber informiert. Wie oben beschrieben, hat Jahweh die Reinkarnation für seine Zwecke gekapert, um sie für seine Interessen einzusetzen, und darum sollten die Menschen nichts über die Reinkarnation wissen. Doch wir wissen nun: Wir kehren also wieder, aber diese Rückkehr muss nicht unbedingt in Jahwehs Machtbereich geschehen. Wer mit der Reinkarnation vertraut ist, kann auch aus seinem Machtbereich herausfinden und in anderen Dimensionen des Universums reinkarnieren – oder vielleicht gar nicht mehr inkarnieren, sondern ins göttliche Urlicht zurückkehren. Und *das* sollten wir eben nicht wissen ...

Natürlich ist all dies leicht gesagt, denn der körperliche Tod kann unter Umständen ein sehr unangenehmes und gar schmerzliches Erlebnis sein, aber dieses Leid dauert nur eine vergleichsweise kleine Weile, und dann ist man frei. Menschen können es aber auch erleben, friedlich und in positiver Erwartung zu sterben. Sich der unsterblichen Seele bewusst zu sein, ist deshalb hilfreich. Wer aber die Reinkarnationsidee in Unwissenheit ablehnt, muss unvorbereitet durch den Reinkarnationsprozess hindurchgehen.

Was heute in der Welt geschieht, ist als ein erster Schritt eher »den Teufel mit dem Beelzebub austreiben« und danach auch noch als zweiter Schritt »den Beelzebub mit Satan austreiben«. Wo kämen wir damit hin? Zwar zuerst zum Ende eines auf die falsche Spur geratenen Christentums, dafür aber dann zum Sturz in einen Abgrund am »Ende der Bahnlinie«. Eine selbstmörderische Apokalypse, die vielleicht sein muss, damit auf den Trümmern des Versagens endlich eine neue Menschheit entstehen kann, die aus dem Endzeitgeschehen schließlich doch gelernt hat, dass persönliche Macht (besonders von einem sich als »Gott« darstellenden Usurpator) und eine vertikale Hierarchie immer destruktiv sind. Dann kann ein echtes und wahres Christentum, etwa ein wiederbelebtes Gnostisches Urchristentum, endlich in der Welt wirken. Wir könnten dann in einer eher horizontalen Hierarchie leben, in der alle gleichwertig mitwirken und niemand über andere Macht hat, sondern die einzige wirkliche Obrigkeit im Wissen von einem Urschöpfer besteht. Eben dieses wahre Christentum ist das Hauptziel aller Angriffe, auch wenn man mit all dem anfängt, was um es herum existiert.

In diese neue Menschheit auf unserer Erde können wir dann zurückkehren (wenn nicht in eine andere der vielen Welten des Universums), um durch eine positive Form der Reinkarnation des wahren persönlichen Ichs, das wir Seele nennen, an ihrem neugeburtlichen Wiederauferstehen mitzuarbeiten und nicht durch eine negative machtgesteuerte und zwanghafte Reinkarnation als Rückkehr in eine Art von Hölle, wie wir sie heute auf unserem Planeten eher erleben.

Es geht also darum, dass die unheilige Entwicklungslinie Enlil-Jahweh-Satan endgültig zu einem Ende kommt und der wahre Christus des Höchsten Urschöpfers endlich angenommen wird.

Eine Frage drängt sich hier immer wieder auf: Wie kann der Höchste Gott zulassen, dass in der Welt so viel Böses und Leidvolles geschieht? Nach dem urchristlichen Weltbild (dargestellt von Origenes, der zwar kein Gnostiker war, aber ihnen nahestand, hier nur sehr kurz zusammengefasst wiedergegeben) waren wir ursprünglich alle im göttlichen Urlicht, aber eine große Schar von uns Lichtwesen wollte aus diesem Licht hinaus. Diese Schar wollte zu Seelen werden, die andere Erlebnisse haben konnten als die, die im Licht möglich sind. Gott zog sich daher zusammen und erschuf einen Bereich von Finsternis, in dem vorher auch Licht war. Darin ließ er andere Welten entstehen, und dorthin konnten wir emigrieren. Das war unsere freie Wahl. Es brauchte aber zuerst jemanden in der Finsternis, der dort eine gewisse Organisation hineinbrachte, und das war Jaldabaoth = Jahweh. Ein dunkler Bereich entstand, die Welt der Anunnaki. (Siehe oben unter *Die Reinkarnationsfalle*.)

Wir haben demnach also zwei freie Wahlen getroffen: Erstens haben wir freiwillig gewählt, in die Finsternis zu gehen, zweitens haben wir ebenso freiwillig das Geschehen dort mitgemacht. Wir haben auch die freie Wahl, daraus auszusteigen. Entweder bleiben wir in Egoismus, Materialismus und in der Rücksichtslosigkeit anderen Menschen und der Umwelt gegenüber und müssen die Folgen einer solchen Lebensweise erleben, um endlich begreifen zu können, wie falsch sie ist. Oder wir suchen den Weg heraus, was kaum ohne Verzicht auf Ego, Wohlstand und manchmal auch das körperliche Leben möglich ist. Dieser Weg ist der Gandhi-Weg von *Nicht-Mitmachen* und *bürgerlichem Ungehorsam*, nicht menschlicher Macht folgend, sondern Herz und Gewissen. Wir haben selbst die Wahl, weder der Höchste Gott noch Christus entscheidet für uns. Wir selbst müssen entscheiden: materielles Leben und materieller Tod mit körperlicher Wiedergeburt – oder geistiges Leben und geistige Geburt. Also muss es leider noch lange beides geben: eine üble Welt voller Gewalt und Brutalität in Unfreiheit und eine Welt in Freiheit mit Liebe und Harmonie in lichtvollen Dimensionen. Wenn es nur eine gäbe, wo wäre dann die Wahlfreiheit? Wenn wir entsprechend wählen, kann die bessere Welt schon im materiellen Bereich anfangen, zum Beispiel mit einem Leben nach dem Gnostischen Christentum. Die Katharer haben es uns vorgemacht, aber Jahweh verfolgte sie. Sie wählten dann lieber den Tod, und sind jetzt frei!

Ein politischer Irrweg

Die marxistische Ideologie durchzusetzen, wurde zunächst durch den Leninismus versucht. Das ist nach schmerzlichen Jahrzehnten gescheitert. Sie wird auch im Maoismus erprobt. Der Marxismus scheint aber nur so lange einigermaßen zu funktionieren, wie man in einem scheinkommunistischen Pseudokapitalismus für die westlichen Kapitalismen massenhaft Waren produzieren kann: »Made in China«. Das Ziel ist aber, ohne diesen Kapitalismus auszukommen. Wie soll das denn gehen? Am Ende stolpern diese Strukturen über die menschliche Natur. Also versucht man nun, diese mit einem Kulturmarxismus zu ändern. Darin gibt es immer nur *vertikale* Machtstrukturen, in denen eine Elite im Prinzip vom Schweiß und Schmerz einer geknechteten Menschheit in

Saus und Braus leben kann, alles für sich selbst pachtend, die innere Natur der Menschen bezwingend und einschläfernd. Eine Elite, die eigentlich durch Armut genährt wird, besonders durch eine geistige Armut, weil Intellektualität ihre Macht gefährdet. Man soll nicht hinterfragen und hinter den Vorhang schauen können. Zur wahren menschlichen Natur gehört aber ein Spiritualismus, der sich unter anderem in Intellektualismus und freier Kultur ausdrücken will. Also muss man auch diese bezwingen und mit einer gesteuerten, eingeschränkten Pseudokultur ersetzen. Das dürfte daran scheitern, dass es so keine wahre Lebensfreude gibt. Da diese in ihrer eigenen Natur eher vom Herzen ausgeht als vom rationalen Bewusstsein, will man sie durch etwas ersetzen, was Menschen Scheinfreuden bietet. Dazu gehört eine sexuelle Revolution, womit man sozusagen die Lebensfreude vom Herz in die Genitalien zu verlagern sucht. Das kann auf Dauer nicht funktionieren, weil die wahre Sexualität mit Liebe zusammengehört, und diese gehört eben zum Herzen. Eine Sexualität ohne echte Liebe führt gewissermaßen zu emotionalen Totgeburten. Die Sexualität hat biologisch auch mit Fortpflanzung zu tun, und da stehen wir vor einem echten Problem, weil eine Bevölkerungsexplosion unseren Planeten wie ein langsamer Tsunami überrollt und die Natur, die ja unsere wahre Lebensgrundlage ist, allmählich vernichtet. Die Lösung dieses schweren Problems steht noch aus, aber sie wird nicht ohne Herz möglich sein.

Etwas, das ständig eine Lösung dieses Problems sabotiert, ist das irrationale Wachstumsdenken. Es ist doch für jeden selbstständig Denkenden leicht einzusehen, dass ein ständiges Wachstum unweigerlich katastrophal enden muss, denn *alles* hat seine Grenzen. Das Wachstumsdenken ist eine wirtschaftliche Philosophie, die davon angetrieben wird, dass jedes Unternehmen nach seinem profitablen Wachstum bewertet wird, besonders an der Börse. Hier ist ein Umdenken dringend notwendig und verlangt andere Kriterien. Da ist noch viel zu tun.

Es kann nach meinem Empfinden nur *einen* dauerhaften »Kommunismus« geben: den *urchristlichen* in einer *horizontalen Hierarchie*, ohne eine herrschende Elite, die auf Kosten der Menschheit lebt. Eine Hierarchie, in der man im Prinzip alles miteinander teilt und wirklich *zusammen*lebt, mit einer organisierenden Struktur, die es dann ohne Herrschaftsentgleisungen geben muss. Mit einer »Elite«, die ganz demokratisch zum Volk gehört und nicht über ihm steht. Das ist die Botschaft des Urchristentums, die man verfälscht hat und durch die Kirche versucht, in pervertierter Form durchzusetzen, wiederum mit einer *vertikalen* Hierarchie. Das Urchristliche wurde unterdrückt, und nun will man lieber jede Form von »Christentum« unterdrücken, statt diesem eine Chance zu geben.

Das Miteinander ist auch eine Form der Liebe, und zwar ungefähr in der Form, wie es die drei Musketiere des Alexandre Dumas formulierten: *un pour tous, tous pour un* oder »einer für alle, alle für einen« – jedoch nicht nur auf eine Gruppe bezogen, nicht auf einen Teil der Gesellschaft, sondern auf die ganze Gesellschaft, eigentlich die ganze Menschheit. Das kann nur *gegenseitig* in einem Zusammenleben mit Respekt und Toleranz funktionieren. Sobald eine Gruppe dieses Prinzip nur für sich gelten lassen will, ist es bereits gescheitert. Zur politischen Taktik gehört aber leider das machiavellische Prinzip von *divide et impera*, »Teile und Herrsche«, wodurch ein scheinbarer Erfolg am Ende zerstörerisch wird.

Eine Entwicklung in diese Richtung kommt mehr oder weniger auch mit dem gegenwärtigen Stand des menschlichen Bewusstseins in Konflikt. Unser Bewusstsein ist im Allgemeinen noch zu »primitiv«, und die Mächte dieser Welt wollen es auch so halten. Zwar nimmt dieses Bewusstsein ständig zu, besonders durch Spiritualismus, durch geisteswissenschaftliche Fragen. Immer mehr Menschen interessieren sich für das »wo kommen wir her, wo gehen wir hin«, für alternative Wege durch das Leben und dafür, ob und wie es nach dem Tod weitergeht. Immer mehr Leute sind für die Idee offen, dass es in anderen Dimensionen, die bisher nur die Allerwenigsten wahrnehmen können, auch Lebensformen gibt. Diese Entwicklung wird wohl erst eine Schwelle überschreiten müssen, bis es im genannten Sinne wirklich weitergehen kann.

Ob das so möglich ist, ohne den Weg durch einen totalen Zusammenbruch zu gehen, nach dem eine radikal neue Menschheit wie ein Phönix aus der Asche wieder aufersteht? Wir werden sehen. Jedenfalls nicht mit den derzeitigen Zielen einer Neuen Weltordnung, die wie eine symptomatische »Therapie« ist, bei welcher der Patient eher von der Behandlung als von der Krankheit stirbt …

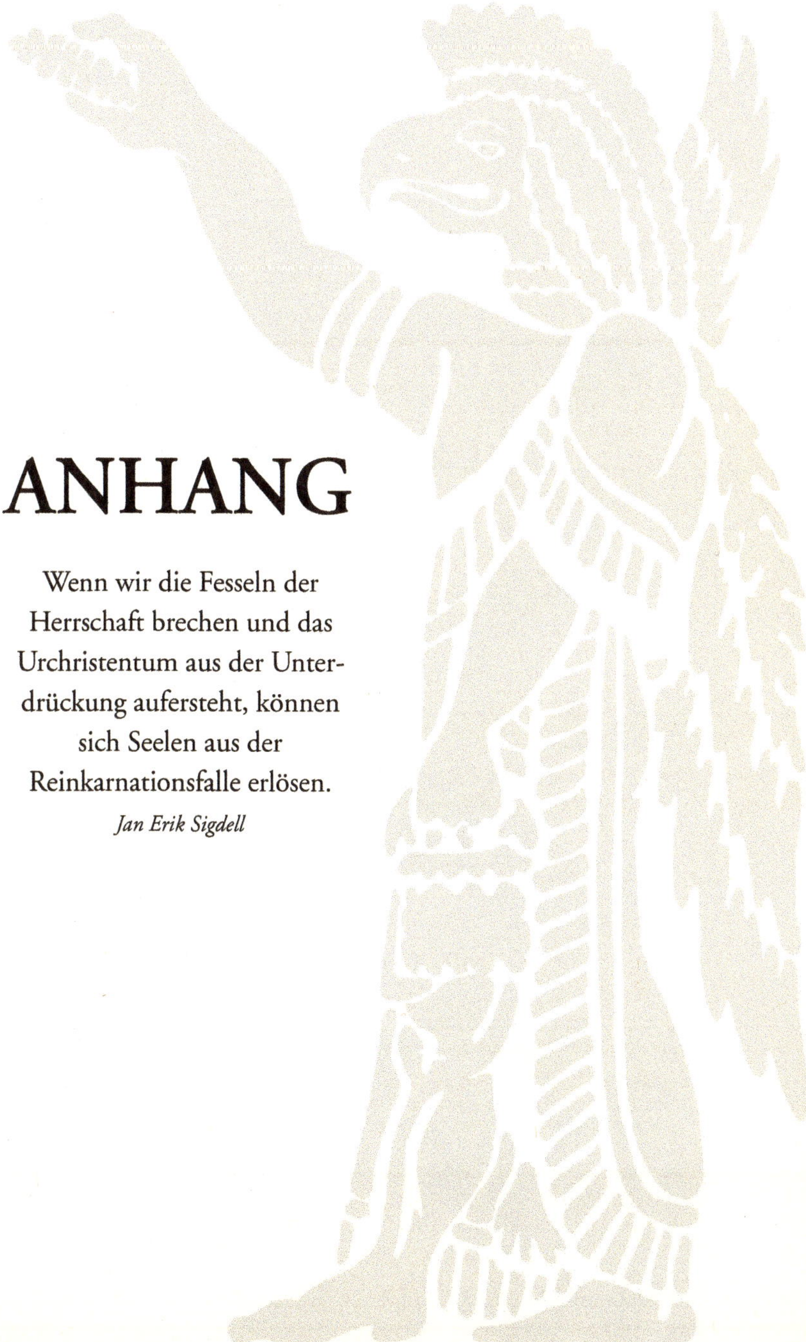

ANHANG

Wenn wir die Fesseln der Herrschaft brechen und das Urchristentum aus der Unterdrückung aufersteht, können sich Seelen aus der Reinkarnationsfalle erlösen.

Jan Erik Sigdell

Ist das Fegefeuer
eine Abwandlung der
Reinkarnationslehre?

Das Fegefeuer, Purgatorium, als Ort oder Prozess der Reinigung wurde erst mit dem 1. und 2. Konzil in Lyon 1245 beziehungsweise 1274 zum Dogma erhoben. Es gibt in der Bibel keinen klaren Beleg dafür. Die evangelischen, reformierten und orthodoxen Kirchen lehnen deshalb die Fegefeuer-Lehre ab, wobei die Ostkirche jedoch einräumt, dass Gebete für den Gestorbenen seine Seele reinigen können.

Hat die Fegefeuer-Lehre indirekt mit den Katharern zu tun? 1244 wurde der Völkermord der Kirche an den Katharern (Albigenser) erfolgreich beendet. Die Konzilien in Lateran 1215 und Lyon 1245 schrieben vor, wie man mit Katharern umgehen solle.

Die Katharer lehrten die Reinkarnation. War also die Dogmatisierung der Fegefeuer-Lehre ein Gegenzug dazu? Eine »rechtgläubige« Alternative zur Reinkarnationsvorstellung der Katharer? Eine Maßnahme, um Überbleibsel einer »Irrlehre« im Volk »zurechtzudrehen«? Warum sonst fiel die Dogmatisierung des »Fegefeuers« zeitlich mit der mörderischen Vernichtung der Katharergemeinschaft so genau zusammen?

Die spätgnostischen Katharer sprachen von der Reinkarnation als Reinigungsprozess für die Seele. Das katholische Dogma spricht hingegen vom Fegefeuer als Reinigungsprozess für die Seele. Ein Vergleich:

Die katholische Lehre

1. Warst du gut genug, kommst du nach dem Tod in den Himmel,
2. warst du schlecht genug, kommst du (für immer!) in die Hölle,
3. aber warst du ein mäßiger Sünder, gehst du erst durch das Fegefeuer und dann in den Himmel.

Die gnostische Lehre

1. Warst du gut genug, steigst du nach dem Tod in die unterste Ebene der Engelhierarchie auf und gehst dann weiter himmelwärts,
2. warst du schlecht genug, fällst du auf die unterste Ebene der Schöpfung, die Ebene von Dämonen und Widersachern (aber nur so lange, wie für Umkehr und Wandlung nötig – keine ewige Verdammnis),
3. wer aber dazwischen liegt, wird wieder Mensch und geht zunächst durch die »Seelenreinigung der Reinkarnation«, und später auf die unterste Ebene der Engelhierarchie (um von dort die »Jakobsleiter« weiter hinaufzusteigen).

Die Parallelen sind auffallend und sprechen für ein Verständnis des Fegefeuers als Reinkarnation – verschleiert und zur Unerkennbarkeit abgewandelt und umbenannt!

Obwohl erst sehr viel später die Fegefeuer-Lehre zum Dogma erhoben wurde, gab es in alten Zeiten bereits Vorstellungen in diese Richtung. So auch bei Origenes:

> »Wir finden beim Propheten Jesaja einen Hinweis darauf, dass es das eigene Feuer eines jeden ist, mit dem er be-

straft wird; er sagt nämlich (Jes. 50,11): ›Gehet hin im Lichte eures Feuers und in die Flammen, die ihr euch selbst angezündet habt.‹ Mit diesen Worten wird offenbar angedeutet, dass jeder Sünder sich selbst die Flammen seines eigenen Feuers anzündet und nicht in ein Feuer geworfen wird, das schon vorher von einem anderen entzündet war und vor ihm selbst existierte.«

Origenes' Auffassung wird von Hieronymus weiterführend wie folgt dargestellt:

»Auch das Feuer der Hölle und die Qualen, welche die Heilige Schrift den Sündern androht, sieht er nicht als Strafen an, sondern verlegt sie in das Gewissen der Sünder. Durch Gottes Kraft und Macht wird uns die ganze Erinnerung an unsere Sünden vor Augen gestellt; gleichsam aus Samenkörnern, die in der Seele zurückgeblieben sind, sprießt wieder das ganze Getreidefeld der Laster auf; und alles Schändliche und Gottlose, das wir im Leben getan haben, zeichnet sich als Gemälde vor unserem Blick ab. Der Geist betrachtet die früheren Lüste und wird vom *Brand des Gewissens* gepeinigt und vom Stachel der Reue verletzt.« (Hervorhebung durch den Autor)

Wir erkennen mithilfe von Rückführungserlebnissen in frühere Leben, bei welchen man auch seinen damaligen Tod wieder erlebt, dass es vielen von uns nach dem körperlichen Ableben ähnlich geht. Man kommt in ein erweitertes Seelenbewusstsein und erkennt darin, oft mit Reue, Scham und Pein, was man in der Verkörperung Übles an Unrecht, Lieb- und Rücksichtslosigkeit und vielleicht auch Gewalt getan hat. Dann wird uns auch klar, was wir in einer neuen Verkörperung dazuzulernen haben.

Die Anschauung auf das Fegefeuer als der *Brand des Gewissens* ist also durchaus angebracht.

Karl Rahner zu Reinkarnation und Fegefeuer

Der hervorragende katholische Theologe schrieb in seinem Text *Zur Lehre vom »Reinigungsort«*:

> »Hier ist noch vieles zu tun, und manche Schwierigkeiten gegen die Lehre ... vom Fegefeuer, können sicher noch ausgeräumt werden. Es sei noch auf die Frage hingewiesen, ob nicht in der katholischen und zunächst so altmodisch anmutenden Vorstellung von einem ›Zwischenzustand‹ ein Ansatz gegeben sein könnte, um besser und positiv mit der ... Lehre von einer ›Seelenwanderung‹, ›Reinkarnation‹, zurechtzukommen ...«.

In einem anderen Text zum *Fegefeuer* bezog er sich auf Menschen, die keine Wahlfreiheit haben, sondern durch widerliche Umstände zu einer für sie unvermeidlichen Lebensweise genötigt werden, sowie auf Menschen, denen die Heilsbotschaft nicht gegeben wurde:

> »Aber in den hier zu bedenkenden Fällen hat ja diese Freiheitsgeschichte überhaupt noch nicht begonnen ... dann

könnte ich mir denken, dass die Möglichkeiten des ›Fegefeuers‹ auch noch den Raum bedeuten könnten für eine post-mortale Freiheitsgeschichte bei dem, dem eine solche Geschichte in seinem irdischen Leben versagt war. Wenn ich ehrlich bin, so will mir ein Gedanke an so etwas wahrscheinlicher scheinen als die Vorstellung, dass es Menschen gäbe, die in ihrer Existenz bleiben und denen Gott für alle Ewigkeit versagt hat, dass diese ihre Ewigkeit auch die Endgültigkeit ihrer Freiheitstat sei. ... Ich habe selber wahrhaftig nichts übrig für ›Seelenwanderung‹ und ähnliche Vorstellungen. Aber wenn man die ungeheure Verbreitung dieser Vorstellung in Raum und Zeit erwägt, die heute ja keinem engeren Kulturkreis allein angehört, wenn man dieses abendländische Empfinden nicht gar zu schnell und selbstverständlich als das allein richtige einschätzt, dann kann man sich fragen, ob an dieser Lehre von der Seelenwanderung nicht doch etwas Richtiges sein könnte. Dann könnte man ... sich fragen, ob für eine solche gemäßigte Seelenwanderungslehre nicht doch auch innerhalb der christlichen Dogmatik von der Fegefeuer-Lehre her ein Platz frei wäre ...«

Es scheint, dass man diese Aussagen von ihm in der katholischen Theologie heute lieber vergessen möchte. Kaum jemand redet noch davon, und man hält diese Äußerungen womöglich für eine verirrte »Nestbeschmutzung«. Und doch machen sie wirklich viel Sinn!

Vorsichtige Äußerungen zum Thema von Hans Küng

Norbert Bischofsberger schreibt in seiner Dissertation:

> »Hans Küng lässt die Frage der Vereinbarkeit beider Positionen [Vereinbarkeit vom Reinkarnationsglauben mit dem Christentum] offen. In seiner Schrift *Ewiges Leben?* meint er zwar, dass eine denkerische Vermittlung zwischen der Vorstellung von einem einzigen irdischen Leben und derjenigen von mehreren Leben unmöglich und eine Entscheidung zwischen beiden unumgänglich scheine; er kommt jedoch zum Schluss: ›*Aber die Frage muss hier noch offen bleiben; denn die Alternative ist noch nicht deutlich geworden: Welche der beiden Erklärungen – hinsichtlich eines oder mehrerer Leben nach dem Tod – ist plausibler? Für traditionelle Christen ist die Wahl rasch getroffen, für andere vielleicht weniger.*‹ Küng nennt verschiedene religiöse und weltanschauliche Kontexte der Reinkarnationsidee, führt dann aber Argumente pro und kontra ›*Reinkarnation*‹ im Allgemeinen an. Er folgert, dass ›*sehr gewichtige Gründe*‹ gegen die Reinkarnation sprechen. Küng fragt aber auch: ›*Wird die christliche Fegefeuer-Lehre nicht durch einen ähnlichen Gedanken an ein zweites Leben bestimmt, dem dann gewissermaßen ein drittes folgt (›ewiges Leben‹), wenngleich diese ›Leben‹ in überirdischen Regionen angesiedelt sind?*‹ In seinem späteren Werk *Christentum und Weltreligionen* nimmt er in der Auseinandersetzung mit der hinduistischen Reinkarnationslehre eine offenere Position ein. Zwar bleibt es

bei der deutlichen Differenz zwischen dem Glauben an ein einziges Leben und der Vorstellung von mehreren Erdenleben und den gewichtigen Gründen gegen die Reinkarnationsidee. Küng stellt jedoch explizit die Frage, ob die Reinkarnationslehre nicht in den christlichen Kontext integriert werden könnte. Dabei denkt er an andere Vorstellungen, die vom christlichen Glauben im Laufe der Geschichte etwa aus dem griechisch-hellenistischen Kontext übernommen wurden. Küng erklärt, dass eine Integration neuer Lehren in die christliche Tradition keinesfalls ausgeschlossen werden dürfe.«

Referenzen

- *Origenes vier Bücher von den Prinzipien*, übers. und kommentiert hrsg. von Herwig Görgemanns und Heinrich Karpp, Wissenschaftliche Buchgesellschaft, Darmstadt 1985, S. 428/429.
- Karl Rahner: »Zur Lehre vom ›Reinigungsort‹«, in: *Grundkurs des Glaubens*, in der Reihe: *Sämtliche Werke,* Bd. 26, Benziger Verlag, Zürich o.J., und Herder Verlag, Freiburg i.Br. 1999, S. 416/417.
- Karl Rahner: »Fegefeuer«, in: *In Sorge um die Kirche*, in der Reihe: *Schriften zur Theologie,* Bd. XIV, Benziger, Zürich o.J., S. 447-449.
- Norbert Bischofsberger: *Werden wir wiederkommen?*, Grünewald, Mainz, und Kok Pharos, Kampen 1995, S. 235/236.

Über den Autor

Dr. Jan Erik Sigdell, geboren 1938 in Göteborg, Schweden, studierte Elektrotechnik und Elektronik zum Diplom-Ingenieur und promovierte später in Medizintechnik, der Anwendung moderner Technologien in der Medizin. Sein Spezialgebiet war die Dialysetechnik, in deren Rahmen er auch ein mathematisches Fachbuch über den Stoffaustausch in Hohlfaserdialystoren vorlegte. (Vgl. www.mediconsult-sigdell.com.)

Seine Beschäftigung mit Reinkarnation begann 1974 mit experimentellen hypnotischen Rückführungen. 1979 lernte er Bryan Jameison kennen und wurde von ihm in der nicht-hypnotischen Rückführungstechnik ausgebildet, die er seit 1980 in seiner eigenen Praxis anwendet.

Im Laufe der Zeit hat er diese Technik weiterentwickelt und um neue Methoden der Rückführungstherapie ergänzt. Auf der Basis der Erfahrungen, die er in Tausenden von Rückführungen machen durfte, schrieb er mehrere Bücher, darunter *Rückführung in frühere Leben* (Ansata 2004) und *Durch den Tod ins Leben* (Ansata 2007). Bei Amra erschien 2012 das mittlerweile auch auf Slowenisch vorliegende Taschenbuch *Unsichtbare Einflüsse* und 2015 als Hardcover eine vollständig überarbeitete und um zusätzliche Texte ergänzte finale Jubiläums-Ausgabe von *Wiedergeburt und frühere Leben* (Heyne 2005) mit dem neuen Untertitel *Herausforderung Reinkarnation.*

Einige seiner eigenen Beiträge zur Regressionstherapie sind die effektive Auflösung von negativen (die Seele verletzenden) emotionalen Energien aus der Vergangenheit, der Umgang mit Schuldgefühlen, ein Vergebungsritual für die Versöhnung mit Seelen, die einmal unsere Opfer waren oder uns gegen-

über zu Tätern wurden, eine Methode zur Befreiung von traumatischen Nachwirkungen sexuellen Missbrauchs, die Überwindung von unbewussten Widerständen und der Umgang mit fremden Seelen oder negativen Wesenheiten, die sich an eine Person klammern.

Als freier Christ (nicht an eine Kirche gebunden, sondern am Gnostischen Christentum orientiert) hat er sich mehrere Jahre lang intensiv mit der Erforschung der Vereinbarkeit von Reinkarnation und Christentum beschäftigt und hierüber das Buch *Reinkarnation, Christentum und das kirchliche Dogma* vorgelegt (Ibera 2001). *Es begann in Babylon* (Holistika 2008) handelt von den biblischen Wurzeln in den sumerischen Keilschrifttafeln. *Die Herrschaft der Anunnaki* (Amra 2016), das auch in den USA erschien, versammelt alle Ergebnisse seiner diesbezüglichen jahrzehntelangen Recherchen. Das vorliegende Buch widmet sich der aktuellen Weltlage.

Heute lebt er, nach 29 Jahren in der Schweiz, in Slowenien, der Heimat seiner Frau. Regelmäßig hält er im deutschen Sprachraum Vorträge und bietet Seminare an.

Information und Kontakt

Dr. Jan Erik Sigdell
Dutovlje 105, SI-6221 DUTOVLJE, Slowenien
www.christliche-reinkarnation.com

Register

Jan Erik Sigdell
Die Herrschaft der Anunnaki
Manipulatoren der Menschheit für die Neue Weltordnung
192 Seiten, gebunden, blaues Leseband
€ [D] 19,95 / € [A] 20,60 • ISBN 978-3-95447-216-1

Durch genetische Manipulation erschufen die Anunnaki einst den heutigen Menschen als Arbeitssklaven. Sie führten das Geldsystem ein und bedienten sich der Religionen als Machtinstrument. Wer über sie aufzuklären versuchte, wurde beseitigt – das bekamen schon früh Jesus und die gnostischen Christen zu spüren.

»Eine unterschwellig manipulierte Elite übt die Regierungsgewalt in den meisten Ländern aus.« – *Jan Erik Sigdell*

Gerald R. Clark
Die Anunnaki
Vergessene Schöpfer der Menschheit
232 Seiten, gebunden, oranges Leseband
€ [D] 19,95 / € [A] 20,60
ISBN 978-3-95447-191-1

Der Mensch wurde genetisch für den Goldabbau erschaffen – vor etwa 300.000 Jahren in Südafrika. Seine Schöpfer sind die vom Planeten Nibiru stammenden Anunnaki, die wir aus der Bibel als Elohim kennen und die in Mesopotamien als Götter verehrt wurden. Unsere Konditionierung als Sklaven wird noch heute missbraucht.

Ein AMAZON-Bestseller!

Zecharia Sitchin
Die Anunnaki-Chroniken
Alles über die ersten Astronauten eines anderen Planeten, die zur Erde kamen, ihre Erschaffung des Menschen und Errichtung unserer modernen Zivilisation
488 Seiten, gebunden, oranges Leseband
€ [D] 24,95 / € [A] 25,70 • ISBN 978-3-95447-243-7

Der zwölfte Planet, UFOs, unsere DNS, Pyramidenkriege, Riesen auf der Erde und vieles mehr – ein vollständiger Überblick über Zecharia Sitchins Theorien, die Zusammenfassung seiner jahrzehntelangen Forschung und all seiner Bücher über das Wirken der Anunnaki auf der Erde, ergänzt durch bisher unveröffentlichte Essays und Vorträge.

Das definitive Handbuch – erstmals auf Deutsch!

Buchauszüge und Gratis-CD auf www.AmraVerlag.de